Guide pratique de l'intuition

LAURA DAY

GUIDE PRATIQUE DE L'INTUITION

Comment exploiter son intuition

naturelle pour la mettre à son service

INTRODUCTION DE DEMI MOORE

Traduit de l'américain par Manuela Dumay

Editions Vivez Soleil

Practical Intuition :

ISBN 2-88058-264-4

A mon fils, Samson, Shimshon,
qui porte le nom du soleil, source de sa propre lumière.
Tu es plus brillant que le nom que tu portes. Merci.

Préface

Ma rencontre avec Laura Day remonte à de nombreuses années. La première fois qu'elle me fut présentée, je fus immédiatement frappé par une sensation quasi physique, presque palpable. J'ai ressenti en effet que cette jeune femme était l'épicentre d'une source d'énergie rayonnante, le point d'où partaient des vagues qui, telles des sondes, étaient capables de pénétrer toute personne ou objet qu'elles rencontraient sur leur passage. Sa compréhension semblait balayer tous les mystères et accéder au cœur des choses.

Par la suite, j'ai participé à des investigations sur les facultés de Laura, à Rome, en collaboration avec de nombreux chercheurs issus de différentes disciplines scientifiques. Au cours de ces investigations, de nombreuses expériences ont été réalisées (dont certaines sont décrites dans le présent ouvrage) et, à chaque fois, Laura n'a cessé d'étonner et de confondre l'assemblée de scientifiques et de journalistes. Ses performances furent supérieures à tout ce que nous avions pu anticiper. C'était un peu comme si, à travers les perceptions de Laura, l'esprit du monde se moquait gentiment de notre compréhension de la nature.

Dans cet ouvrage, Laura prend le lecteur par la main et l'aide à entrer en contact avec une partie de son être qu'il avait perdue ou oubliée. J'espère sincèrement que ce livre vous permettra de redécouvrir l'essence cachée des choses et les mécanismes profonds qui régissent le monde. Si vous vous accordez la liberté de suivre Laura avec un esprit ouvert, je suis sûr que vous y parviendrez.

Docteur Bruno del Rosso

TABLE

INTRODUCTION

Croyez-vous aux heureuses coïncidences ? Ainsi, je fus invitée un jour à une soirée organisée par mon amie Rosanna. J'avais à peine franchi le pas de la porte qu'elle me prit par la main et me conduisit à travers la foule compacte des invités.

— Il y a quelqu'un qu'il faut absolument que tu rencontres, me dit-elle. Si, je t'assure, il faut absolument que tu fasses sa connaissance.

Et je découvris, assise à une table et entourée d'un auditoire visiblement fasciné par ce qu'elle disait, cette femme minuscule qui ressemblait à une enfant abandonnée et avait un regard bleu incroyablement intense. Ce n'était cependant ni la couleur ni la grandeur de ses yeux qui leur donnait cette intensité, mais la profondeur avec laquelle elle me regardait. On eût dit qu'il n'y avait pas de limites à ce qu'elle pouvait voir.

Nous avons agréablement bavardé mais j'ai soudain réalisé qu'elle parlait de détails de ma vie dont seuls mes amis intimes pouvaient être au courant. Encore plus troublant, elle fit référence à des choses que j'étais seule à savoir. Ma curiosité était à son comble et je lui demandai quelle était sa profession. Elle me confia qu'elle n'aimait pas le dire parce qu'elle n'avait pas trouvé de mot satisfaisant pour décrire son activité professionnelle mais m'assura qu'elle exerçait en toute légalité.

Ce premier contact fut bref mais, en l'espace de ces quelques minutes, j'avais été frappée au plus haut point par le calme et l'assurance qui semblaient émaner d'elle. Ceci dit, il n'aurait pu y avoir de moment plus propice pour que je rencontre Laura. C'était en effet une période de ma vie où j'avais la conviction que tout me souriait, que je pouvais obtenir ce que je voulais sur un simple claquement des doigts. Je venais de me marier, j'attendais mon premier enfant et me sentais globalement invincible. Je débordais d'énergie mais je dois dire que tout cela dépassait un peu les bornes et avait besoin d'être canalisé.

A l'issue de notre première rencontre, Laura me prit la main et m'affirma que j'étais exactement là où je devais me trouver, que j'avais seulement besoin d'être un peu patiente et que tout arriverait en temps et en heure. Je sus immédiatement qu'elle faisait référence à ma carrière. Avec mon nouveau mariage et l'arrivée du bébé, mon travail était passé à l'arrière-plan et, bien qu'il ne fût pas ma priorité à ce moment-là, il conservait néanmoins pour moi une grande importance. Je pense qu'il continuait à me préoccuper inconsciemment mais pas suffisamment pour que j'agisse en conséquence et prenne les contacts nécessaires. Laura me quitta avec des paroles très justes et très réconfortantes et me rappela de profiter de la vie.

J'eus l'occasion de rencontrer Laura une seconde fois après la naissance de ma fille. Ma carrière redémarrait doucement. Je venais de terminer *Ghost* et j'avais plusieurs films en projet. Il y avait en particulier un film, *The Butcher's Wife*, pour lequel nous avions besoin d'un médium afin de peaufiner certains détails du scénario. Une fois que j'eus appris à mettre un nom sur la profession de Laura, je l'ai choisie sans hésiter pour ce travail. Les gens de la Paramount étaient ravis de sa précieuse collaboration et j'en ai profité moi-même pour mieux cerner le don de Laura.

Pendant la réalisation du film, nous avons passé beaucoup d'heures ensemble à améliorer tant le scénario que le profil du personnage que je devais jouer. A la fin de l'une de nos premières séances de travail, Laura m'avertit mine de rien que si je ne me sentais pas tout à fait prête à avoir un deuxième enfant, il fallait peut-être que je fasse attention au cours des prochains mois. J'ai éclaté de rire parce que mon mari tournait à ce moment-là un film à Rome et que des milliers de kilomètres nous séparaient. Pas d'inquiétudes à avoir mais merci quand même de m'avoir prévenue. Le temps passa et Laura me reparla une fois ou deux de cette précaution à prendre puis n'y revint pas. Nous reprîmes notre travail. De temps à autre, Laura me donnait quelques renseignements personnels que je notais dans un coin. C'était passionnant mais n'avait pas grand-chose à voir avec le film. Je rangeais donc cela dans un coin de ma tête et me remettais au scénario.

Lorsque mon mari, ayant terminé le sien, rentra trois semaines avant la fin de mon tournage, je ne pensais plus à ce que Laura m'avait dit des mois auparavant. Elle et moi avons planifié une dernière séance de travail. Dans l'intervalle, les retrouvailles avec mon mari furent grandioses et passionnées. Lorsque je suis arrivée à cette dernière réunion de travail avec Laura, elle me demanda d'emblée :

— Tu es enceinte ?

Elle vit le sourire ébahi se dessiner sur mon visage et s'exclama :

— Félicitations !

Elle savait et je savais. Il s'avéra que c'était vrai.

Lorsque je me suis mise à écrire l'introduction de ce livre, j'ai fouillé dans mes papiers pour retrouver les notes que j'avais prises pendant la rédaction de mon scénario et qui pourraient m'aider à mieux expliquer l'expérience que j'avais eue de l'intuition de Laura. Eh bien, aujourd'hui encore, elle ne cesse de m'étonner. J'ai découvert ainsi dans mes notes éparpillées que Laura avait prédit l'importance de la couverture d'un certain magazine qui allait changer profondément la manière dont le public me percevait, qu'elle avait prédit également que ma carrière ne prendrait véritablement son essor qu'à partir de mes trente ans, ce qui m'avait désespérée alors puisque je n'en avais que vingt-sept ! Aujourd'hui, à trente-trois ans, je me rends compte que ce qu'elle m'avait dit à l'époque s'est réalisé comme elle l'avait prédit : ce n'est qu'au cours des dernières années que j'ai tourné les films les plus importants de ma carrière. Et quand je réfléchis au passé proche, avec ses hauts et ses bas, j'ai vraiment l'impression que ça ne fait que commencer, tout du moins, je l'espère !

Laura est une femme remarquable avec un don remarquable mais ce qui pour moi est le plus extraordinaire chez elle, c'est la manière dont elle m'a appris à croire en moi et en mon intuition. L'intuition n'est vraiment rien d'autre qu'un mécanisme interne qui vient à notre secours dès qu'il s'agit de prendre une décision. C'est ce qu'on appelle aussi l'instinct ou « les tripes » ou la petite voix, ce je-ne-sais-quoi qui nous dit de prendre telle direction plutôt qu'une autre et qui, associé à de l'entraînement, nous donne les moyens de prendre de bonnes et solides décisions. La grande question n'est pas de savoir ce qu'est l'intuition ni comment ça marche mais bien plutôt de déterminer si nous sommes disposés à lui faire confiance et à se faire confiance. J'ai pour ma part vécu en faisant confiance à mon intuition et en agissant instinctivement mais je réalise d'une part qu'on se laisse facilement contaminer par des influences extérieures qui font barrage à notre intuition et qu'on a d'autre part tendance à rechercher la caution des autres pour se rassurer sur nos choix au lieu d'aller chercher en nous la réponse qu'il nous faut. C'est bien sûr en agissant qu'on améliore sa vie : plus j'ai fait confiance à mes instincts et à mon intuition, plus j'ai cru en moi.

Les problèmes surviennent quand on commence à interpréter ses intuitions, à avoir des arrière-pensées ou à lutter contre parce que notre intuition nous emmène parfois dans une direction où ne voulons pas aller. La situation tourne alors au conflit intérieur. Ce qui nous conduit généralement à une grande leçon de vie parce que nous avons fait un choix, pas un mauvais choix, juste un choix mais un choix qui va apporter un conflit plus douloureux. Pourquoi nous torturons-nous de la sorte ? Essentiellement parce qu'il nous manque les outils et les informations nécessaires mais surtout parce que nous laissons la peur et le manque de confiance en soi gouverner notre vie.

Si j'ai une chose à dire à propos de mon itinéraire personnel, c'est que nous ne sommes pas sensés avancer seuls. En cherchant des réponses à mes questions, j'ai rencontré des gens extraordinaires qui ont des dons semblables à ceux de Laura et qui, comme elle, dispensent un enseignement afin de mettre leur don au service d'autrui. En tant que femme et que mère, j'ai vu avec quel soin Laura s'applique à éduquer les gens et à les délivrer de leurs peurs. L'enseignement pratique dispensé dans cet ouvrage vous permettra d'apprendre comment l'intuition fonctionne dans tous les domaines de l'existence, comment aussi reprendre les commandes de sa vie. Je vous souhaite un bon voyage : considérez que ce livre n'est rien d'autre qu'une carte routière.

Demi Moore

LES SEPT ÉTAPES DU DÉVELOPPEMENT DE L'INTUITION

S'OUVRIR

REMARQUER

FAIRE COMME SI

FAIRE CONFIANCE

NOTER

INTERPRÉTER

INTÉGRER

Guide pratique de l'intuition

- 1 -

Comment je suis devenue intuitive

Une réunion scientifique

C'est la fin du déjeuner. On remplit les flûtes de champagne ; les convives attendent que la démonstration commence. Des toiles de maître ornent l'immense salon dont le sol est dallé de marbre. Depuis les grandes fenêtres, on découvre Rome. Le ciel est gris en cette après-midi des premiers jours du printemps. Elle reconnaît au loin le Vatican et l'escalier de la Trinité des Monts puis, interrompant sa contemplation, se retourne pour faire face au groupe.

Elle est toute petite : malgré ses vingt-et-un ans, on dirait presque une écolière. Ses grands cheveux blonds tombent sur ses épaules. Elle est habillée en bleu marine et blanc et a croisé ses jambes pâles sous sa jupe plissée. Elle s'enfonce dans les coussins moelleux de l'énorme canapé recouvert de brocart. La semelle de ses chaussures bleu marine à talons plats ne touche même pas le sol.

Elle est intimidée parce qu'elle n'est jamais apparue en public, et encore moins devant une assemblée de personnes aussi distinguées. Elle est entourée de plusieurs dizaines de psychologues, de médecins et autres experts, tous habillés d'un costume strict. Les journalistes sont là également, prêts à enregistrer l'événement.

Elle passe en revue les objets disposés sur la superbe table qui se trouve devant elle. Elle voit de nombreuses enveloppes cachetées et des petites boîtes fermées, contenant différents objets apportés par les participants. Les enveloppes et les boîtes sont toutes identiques afin qu'aucune des personnes présentes ne puisse identifier celle qui contient l'objet personnel apporté.

Le docteur del Rosso est assis près d'elle et lui tient la main pour la rassurer. Elle sourit. Avec son petit bouc grisonnant, il lui rappelle Merlin l'enchanteur.

Chacun prend un siège et s'installe. Le silence tombe sur l'assistance tandis que le docteur del Rosso prend au hasard l'une des boîtes fermées et la tend à la jeune fille. Elle baisse quelques instants les yeux vers la boîte puis son regard se perd dans le vague comme si elle rassemblait ses pensées. Pendant ce temps-là, le docteur del Rosso règle le micro qui est posé sur la table et met en route le magnétophone.

— Le vingt-et-un mars mille neuf cent quatre-vingt, dit-il en italien.

Puis il oriente le micro vers la jeune femme et se réinstalle dans le canapé. Elle commence :

— Je vois de l'air qui entre et qui sort par des petits trous... en faisant du bruit.

Elle s'exprime avec une certaine lenteur. Bien qu'elle le parle couramment, l'italien n'est pas sa langue maternelle et elle s'interrompt fréquemment afin d'exprimer ce qu'elle perçoit le plus justement possible. Les journalistes griffonnent ses paroles sur leur petit carnet.

— Du bois et du métal... la personne était très triste quand elle a acheté cet objet... il s'agit d'un homme... il devait partir dans un endroit où il ne souhaitait pas... où il ne voulait pas aller... il se sent seul, il est loin de sa famille. Mais ça fait un joli bruit pourtant.

Elle s'arrête, ayant apparemment terminé. Elle rend la boîte toujours fermée au docteur del Rosso.

— A qui appartient cette boîte ? demande-t-il à l'assistance.

— Euh ! je crois qu'elle est à moi, répond timidement le docteur Cosco depuis le fond de la pièce.

— Cette jeune femme a-t-elle identifié l'objet qu'elle contient ? Voulez-vous lui poser des questions ?

— Signorina, dit le docteur Cosco, si vous voulez bien ouvrir la boîte.

Ce qu'elle fait. Elle en retire un harmonica en bois et en métal. Elle le tend au docteur Cosco qui le montre à l'assistance. Alors que chacun constate la précision de la description intuitive de la jeune fille, les oh ! et les ah ! fusent. Le docteur Cosco explique alors ce que représente pour lui cet harmonica :

— Je l'ai acheté quand je faisais mon service militaire. J'étais loin de chez moi et je l'ai acheté pour agrémenter ma solitude. Il ne m'a pas quitté pendant toute la durée de mon service militaire. Je ne voulais pas partir. Je laissais tant de choses derrière moi…

Laissant le docteur Cosco à ses souvenirs, le docteur del Rosso poursuit l'expérience.

— Donnez-lui une autre boîte, demande-t-il à son assistante.

Elle prend une boîte oblongue et la tend à la jeune femme que tout le monde observe. Cette fois-ci cependant, la jeune femme secoue la tête.

— Je ne veux pas toucher à cette boîte, dit-elle. Peut-être que je me fais des idées mais je sens un couteau.

Le docteur del Rosso lève un sourcil et demande à son assistante d'ouvrir la boîte. Elle en retire un coupe-papier en forme de couteau. Des oh ! et des ah ! s'élèvent à nouveau de la docte assemblée.

— Quelqu'un a-t-il apporté une photo ?

Un vieux professeur s'avance en tendant une enveloppe cachetée. Il la remet à l'assistante qui la donne à la jeune femme. Cette dernière a enlevé ses chaussures et a replié ses jambes sous elle. Elle bouge d'une fesse sur l'autre pour trouver une position confortable. Avant qu'elle n'ait eu le temps de parler de la photo sous enveloppe, un autre professeur s'adresse à elle :

— Comment faites-vous ? lui demande-t-il.

— Je ne sais pas.

Le professeur qui a posé la question lui a d'ailleurs à peine laissé le temps de répondre. Il se lance dans un développement compliqué, en utilisant des termes scientifiques, pour expliquer le don de la jeune femme qu'il attribue à un traumatisme de la petite enfance. Le docteur del Rosso écourte ses explications :

— S'il vous plaît !

La jeune femme se met à parler et tout le monde l'écoute avec la plus vive attention :

— C'est une femme. Sur la photo elle est jeune mais je crois qu'aujourd'hui elle est assez âgée… j'entends parler français. Il y a beaucoup de fer dans la maison, quelqu'un qui travaille avec le fer… je vois aussi beaucoup de tableaux autour de cette femme mais je sens le fer.

Le docteur del Rosso demande si quelqu'un souhaite poser des questions à la jeune fille. Le docteur Pucci lève la main.

— Est-ce que cette femme vit seule ? Est-elle mariée ?

— Oui, elle est mariée… euh ! non, peut-être que non. Elle vit avec un homme mais je n'ai pas l'impression que… qu'ils…

Gênée, elle détourne le regard. Elle veut dire qu'elle a l'impression que cet homme et cette femme n'ont pas de relations sexuelles mais ne sait pas comment exprimer cela de façon plus délicate.

— C'est peut-être un parent… il est plus âgé qu'elle… peut-être qu'aujourd'hui il n'est plus en vie. Elle, c'est une artiste. C'est l'homme qui travaille le fer… non, ils ne sont pas mariés. Elle ne s'est jamais mariée… aujourd'hui elle vit seule. Elle a mal au dos, ça lui donne une drôle de démarche… elle est vieille aujourd'hui. Je veux la voir.

La jeune femme s'apprête à ouvrir l'enveloppe mais le docteur del Rosso l'arrête :

— Attendez, peut-être le professeur Pucci a-t-il d'autres questions à vous poser.

— Je veux la voir tout de suite, déclare-t-elle avec une assurance surprenante pour quelqu'un d'aussi timide et réservé.

Et d'ouvrir l'enveloppe sans plus tarder. La photographie jaunie d'une très jolie jeune fille apparaît.

Le docteur Pucci s'adresse alors à l'assistance :

— C'est une photo de ma sœur. Oui, s'il vous plaît, si vous voulez bien montrer la photo à l'assistance, signorina. Merci. Cette photo a bien sûr été prise il y a longtemps. Nous étions beaucoup plus jeunes à l'époque. Mon père gagnait sa vie en travaillant le fer. Lorsqu'il est tombé malade, ma sœur s'est occupé de lui jusqu'à sa mort, dans notre maison familiale.

— Et le français ? Elle a dit qu'elle entendait parler français, cria quelqu'un dans la salle.

— Notre maison familiale se trouve dans le Midi de la France, expliqua le docteur Pucci. Ma sœur était artiste ; elle ne s'est jamais mariée.

Ce qu'elle vient d'entendre touche la jeune femme. Elle regarde à nouveau la photographie. Elle était si jolie, se dit-elle. C'est triste. J'aime bien cette femme.

Le docteur del Rosso s'adresse ensuite à l'assistance. Parlant de la jeune femme qui est assise à côté de lui, il dit :

— Ce sujet présente des facultés extrasensorielles d'une acuité assez exceptionnelle. Elle ne peut bien sûr pas expliquer cette faculté puisque, apparemment, elle l'a toujours eue. N'étant pas scientifique, elle ne peut pas non plus l'analyser. Le docteur Lagambina et moi-même avons avancé des hypothèses quant aux raisons pour lesquelles cette jeune femme a développé à ce point ses facultés extrasensorielles. Sa personnalité s'est formée d'une manière que nous avons bien cernée. Il nous reste à examiner certains facteurs psychologiques et physiologiques qui pourraient indiquer un fonctionnement, ou un dysfonctionnement si vous préférez, de ce type de…

La jeune femme semble ne pas entendre ce qui se dit à son sujet. Elle contemple la vieille photographie qu'elle tient entre les mains et pense à cette femme aux cheveux noirs, la sœur du docteur Pucci.

Quinze années ont passé depuis cette mémorable après-midi à Rome mais je m'en souviens encore comme si c'était hier. Vous l'aurez deviné, la jeune femme installée sur le canapé à côté du docteur del Rosso, c'était moi. J'ai fait l'objet de nombreuses autres expériences et, depuis, l'intuition est devenue pour moi un métier. Je préfère dire que je suis intuitive plutôt que voyante, appellation courante mais dotée d'une connotation trompeuse parce que chargée de mystère.

J'ai écrit ce livre pour vous montrer comment vous pouvez vous aussi développer cette faculté dont je me sers depuis l'enfance.

DÉCOUVRIR SON TALENT

On me demande souvent comment j'ai appris à être intuitive. C'est comme si l'on demandait à un amputé comment il a appris à se servir d'une seule jambe. Si vous perdez une jambe, vous êtes bien obligé d'apprendre à utiliser l'autre davantage.

Dans mon cas, ce qui me faisait défaut, ce n'était pas l'usage d'une jambe mais la maturité et les connaissances nécessaires pour remplir le rôle d'adulte qui me fut prématurément attribué à cause d'un contexte familial difficile. Comme n'importe quel autre enfant, je n'avais pas la capacité affective ni intellectuelle pour endosser les responsabilités d'un adulte. Mon intuition s'est alors développée par phénomène de compensation. C'est une espèce de réflexe de survie qui s'est mis en place, et qui m'a beaucoup servi.

Aussi loin que je remonte dans mes souvenirs, j'ai toujours eu des intuitions très fortes. Quand j'avais douze ans, ma mère est tombée dans le coma et tous les médecins pensaient qu'elle ne s'en réveillerait pas. J'avais néanmoins intuitivement la conviction qu'elle s'en sortirait. Bien qu'on ne m'ait pas expliqué en détail le problème médical de ma mère, je sentais clairement ce qui n'allait pas dans son corps.

J'allais la voir chaque jour à l'hôpital et, à chaque fois, je ressentais instinctivement le besoin très fort de respirer d'une certaine manière jusqu'à ce que je sois envahie par une intense sensation de chaleur. Intuitivement, je voyais les parties du corps de ma mère qui avaient besoin d'être guéries et je leur envoyais cette chaleur que je ressentais, cette énergie.

Au bout de quinze jours, ma mère se réveilla de son coma et retrouva progressivement toutes ses facultés. Elle m'a dit qu'elle avait senti pendant son coma que je la ramenais à la vie. Les années passant, j'ai eu plus souvent le courage de communiquer aux gens les informations dont ils avaient besoin et, bien que je n'aie jamais véritablement pris la décision d'en faire mon métier, cette activité ne me laissait guère le temps de faire autre chose et s'est progressivement et naturellement transformée en activité professionnelle.

Comme c'est souvent le cas, ce n'est qu'à l'adolescence que j'ai réalisé que tout le monde ne sentait pas les choses comme moi. Et j'ai découvert que, si au cours d'une conversation je disais tout ce que je ressentais, au mieux les gens me trouvaient bizarre et au pire je les effrayais.

Mon entourage familial ne m'a jamais encouragée à développer mes capacités intuitives. Je suis en effet issue d'une famille de trois générations de médecins. Si mon père respecte le fait que j'ai foi en mon travail et que je pense apporter à ma manière une petite contribution au mieux-être de mes semblables, je suis persuadée qu'il aurait préféré que je suive une voie plus conventionnelle.

Comme le dit le proverbe, quand l'élève est prêt, le maître apparaît. Dès le début de mon adolescence, j'étais « prête » et plusieurs personnes ont croisé mon chemin et m'ont permis d'évoluer. J'ai eu la chance de rencontrer des gens issus de milieux tant scientifiques que spirituels qui m'ont aidée à comprendre que mon intuition était une faculté utile et pas si rare que cela et m'ont convaincue qu'il fallait la travailler et l'utiliser de façon responsable et dans le respect d'une certaine éthique.

Ma grand-mère m'a raconté que, lorsqu'elle était jeune, elle avait aidé mon grand-père dans ses recherches de laboratoire. Elle n'y connaissait pas grand-chose en médecine et son travail consistait essentiellement à nettoyer le matériel et à se rendre utile par de petites choses. Néanmoins, il arrivait parfois que lorsque mon grand-père rencontrait une impasse au cours d'une expérience, ma grand-mère trouvait la solution « sans savoir comment ».

Apparemment, nous sommes donc intuitifs dans la famille. Du temps de ma grand-mère, on ne parlait pas de ces choses-là. J'ai pour ma part la chance de vivre à une époque où l'intuition est non seulement acceptée mais reconnue et jugée digne d'intérêt.

J'avais vingt et quelques années lorsque j'ai donné mon premier cours de développement de l'intuition. Ce qui n'avait été pour moi jusqu'alors qu'une simple faculté, très utile certes, devint soudain une activité professionnelle « officielle. » Et aujourd'hui, je m'apprête à partager avec vous tout ce que j'ai appris sur l'intuition au cours des trente dernières années et à vous aider à redécouvrir un talent que vous avez toujours eu.

- 2 -

Ce que l'intuition peut vous apporter

La fin d'une époque

En cette fin de deuxième millénaire, les limites de la logique, du rationalisme et des « méthodes scientifiques », en tant que critères uniques pour guider notre existence, deviennent douloureusement claires. Notre monde se tourne chaque jour davantage vers des modes de perception et de connaissance — l'intuition et la foi, par exemple — qui ne reposent plus uniquement sur ce que nous transmettent nos cinq sens.

La toute-puissance de la pensée rationnelle, caractéristique de l'époque moderne, est un phénomène relativement récent dans l'histoire de l'humanité. On la doit essentiellement au grand philosophe français René Descartes, lui-même héritier d'une tradition intellectuelle qui remonte à la Grèce antique. Il faut néanmoins se souvenir que la Grèce antique, berceau de la logique, de la philosophie et des fondements de la méthode scientifique, était également la patrie de l'oracle de Delphes. C'est que les Grecs de l'Antiquité reconnaissaient les insuffisances de la pensée rationnelle si elle n'était pas étayée par l'intuition. Lorsque vous aurez terminé la lecture de ce livre, vous verrez que la méthode intuitive est au moins aussi rigoureuse que la méthode dite scientifique.

La redécouverte de l'intuition

A notre époque, l'intuition a une réputation douteuse. Généralement méprisée pour son manque de sérieux, elle est reléguée dans l'obscur domaine de l'intangible, du mystique et du peu fiable et donc réservée aux femmes et à leur célèbre « intuition féminine ». Lorsqu'il advient qu'un homme s'autorise à être intuitif, il a au mieux des « pressentiments » ou « quelque chose d'instinctif » mais affirmera rarement que « son intuition lui dit que… »

Ce sont là des idées reçues sans fondement aucun ; les femmes ne sont en effet pas plus intuitives que les hommes. C'est sans doute parce qu'on a chassé l'intuition de l'univers rationnel, apanage de l'homme, qu'on l'a attribuée aux femmes. Mais, lorsqu'on considère les tâches ou les métiers généralement considérés comme féminins, on s'aperçoit qu'ils ne font pas ou peu appel à l'intuition.

J'ai écrit ce livre pour démontrer que les femmes et les hommes étaient égaux en intuition et qu'ils avaient les mêmes dispositions pour utiliser cet outil puissant dans leur vie quotidienne.

Comment j'utilise l'intuition

Je pratique professionnellement l'intuition aux États-Unis et en Europe depuis bientôt vingt ans. Mes facultés intuitives ont été testées et vérifiées par des professeurs d'université des deux continents. Précisons à ce propos qu'un « intuitif » est quelqu'un qui utilise consciemment son intuition dans sa vie quotidienne ou professionnelle. Je dis « consciemment » car vous découvrirez bientôt que tout le monde utilise inconsciemment son intuition sans arrêt.

Bien que l'intuition ait une connotation quelque peu éthérée, je peux vous assurer qu'elle est utilisée avec succès dans des domaines on ne peut plus concrets. Avec de l'entraînement — et c'est ce que vous fournira ce livre — on peut l'utiliser l'intuition pour obtenir des informations précises, tangibles, fiables, en un mot, *utiles*.

Et quel genre d'informations utiles ? Eh bien, les gens qui viennent me consulter sont des hommes et des femmes très pragmatiques. J'ai travaillé avec des médecins, des hommes de loi, des P.-D.G., des hommes politiques, des investisseurs mais aussi avec des acteurs et des gens célèbres dont le nom vous dirait forcément quelque chose.

J'ai utilisé l'intuition dans tous les domaines pratiques imaginables :

— pour retrouver des gens perdus dans des régions que je n'avais jamais visitées ;
— pour analyser le marché boursier et prévoir le cours de l'or et l'indice moyen du Dow Jones six mois à l'avance ;
— pour diagnostiquer une maladie qui laissait les médecins perplexes ou anticiper l'efficacité de nouveaux médicaments ;
— pour mettre au point la stratégie d'une action en justice et anticiper les arguments de la partie adverse.
— pour m'amuser, gagner de l'argent et jouer aux courses.

Vous aussi pouvez le faire.

Vous vous demandez sans doute comment je puis avoir autant de connaissances dans des domaines aussi variés. Eh bien, exception faite de la médecine, je ne connais pratiquement rien au reste. Comme vous allez bientôt le découvrir, moins on en connaît sur un sujet et plus notre intuition s'avère efficace !

UN INVESTISSEUR MISE UN MILLIARD DE DOLLARS SUR SON INTUITION

On peut dire que George Soros est sans aucun doute le plus gros investisseur de tous les temps. Si vous aviez eu la chance d'investir de l'argent par son intermédiaire il y a vingt-cinq ans, vous auriez vu votre capital doubler tous les deux ou trois ans. En tant qu'investisseur, Soros a la particularité de gagner plus d'argent en un an que quiconque dans toute l'histoire de l'humanité : 650 millions de dollars ! Pour cela, il fait régulièrement des placements d'un milliard de dollars ou plus.

Demandez à n'importe quel spécialiste de la haute finance si quelqu'un peut, de façon régulière, dépasser les taux moyens du marché, et il vous répondra que c'est mathématiquement et scientifiquement impossible. C'est en effet peut-être impossible si vous vous basez uniquement sur une analyse mathématique et scientifique pour décider de vos investissements. Soros a laissé entendre qu'il ne procédait pas ainsi.

Dans un livre d'entretiens paru récemment, son interlocuteur lui demande s'il utilise un procédé rationnel (par exemple quantitatif, scientifique, objectif) pour enrayer ses pertes quand la situation bascule dans le mauvais sens et comment il sait que « les choses se gâtent ». En d'autres termes, il lui demande quelle est sa logique de fonctionnement. Voici ce que Soros lui répond :

> « Je ressens une douleur. Je m'en réfère beaucoup à mon instinct animal. A l'époque où je gérais activement le Fonds, je souffrais de douleurs dans le dos. Quand une douleur aiguë survenait, je considérais que c'était le signal que quelque chose n'allait pas dans mon portefeuille. La douleur physique ne me précisait pas ce que c'était — du genre bas du dos pour placements à court terme ou épaule droite pour devises étrangères — mais elle me poussait à rechercher les éventuels mauvais placements de mon portefeuille, chose que je n'aurais probablement pas faite sans cela. Ce n'est pas la manière la plus scientifique de gérer un portefeuille. »

Ce n'est peut-être pas la manière la plus scientifique de gérer un portefeuille, certes. Il n'en reste pas moins que le succès de Soros est indéniable. Mais ne vous y méprenez pas : je ne suis pas en train de vous suggérer, si vous vous réveillez demain matin avec un mal de dos épouvantable, de retirer l'argent que vous avez placé à la caisse d'épargne. Il faut en effet se rappeler que Soros est un investisseur hors pair qui analyse attentivement le climat psychologique, économique et politique avant de placer son argent quelque part. Mais, ce qui est fascinant, c'est qu'il s'en remette à son intuition quand sa logique est défaillante.

Vous pouvez apprendre à faire la même chose.

Pourquoi j'ai écrit ce livre

Mon but n'est pas de faire de vous un professionnel de l'intuition mais plutôt de vous montrer comment vous en servir au quotidien, dans votre vie tant professionnelle que personnelle. Ce qui m'est le plus agréable dans mon travail, c'est d'apprendre aux gens à redécouvrir et à développer leur intuition naturelle.

Je vous montrerai comment utiliser votre intuition pour améliorer n'importe quel domaine de votre vie. Je vous montrerai également comment l'utiliser pour retrouver des informations du passé, pour découvrir des choses du présent que l'on ignore ou pour prédire des informations situées dans l'avenir.

L'intuition peut vous permettre d'être actif et productif en toute situation. Comme nous vivons dans un monde de plus en plus spécialisé, il est de plus en plus difficile de rester informé de façon satisfaisante. Nous confions ainsi un grand nombre de décisions à des experts ou spécialistes « qui savent mieux que nous » : médecins, conseillers juridiques, garagistes, assureurs…

En vous appuyant sur votre intuition, vous pourrez acquérir une certaine compétence et recouvrer une certaine maîtrise dans ces domaines. Je vous montrerai comment obtenir des renseignements pratiques sur n'importe quel sujet, qu'il s'agisse d'une maladie dont vous ne savez rien ou de la panne d'une machine que vous ne pouvez pas démonter.

Mais surtout, l'intuition vous aidera à prendre des décisions. Je vous montrerai comment allier votre intuition à vos sentiments et à vos idées afin d'améliorer votre capacité de décision.

L'intuition devrait faire partie intégrante de votre vie au même titre que l'exercice physique ou la méditation. En développant vos facultés intuitives, vous vous ouvrirez et améliorerez vos qualités aussi bien intellectuelles qu'émotionnelles.

Ceci est un livre pratique

Il ne s'agit pas ici d'un traité spirituel ou ésotérique sur les usages mystiques de l'intuition. Ce livre n'est pas non plus un essai destiné aux philosophes, psychologues et autres spécialistes n'ayant pour le sujet qu'un intérêt théorique, même si je pense qu'ils trouveront matière à réflexion dans les thèmes que je développe.

Est-ce que ça marche l'intuition ? Oui ! Je ne suis toujours pas certaine de la manière dont ça marche, même si je propose plus tard quelques hypothèses. Mais heureusement, nous n'avons pas besoin de savoir comment ça marche pour nous en servir.

Donc, ce livre n'est rien de ce que je viens d'évoquer. C'est un ouvrage pratique grâce auquel on peut apprendre à se servir de son intuition pour répondre aux questions importantes de la vie de tous les jours. Vous y trouverez tout ce dont vous avez besoin pour développer pleinement votre potentiel intuitif. Et je vous tiendrai par la main à chaque étape du chemin.

C'est en forgeant qu'on devient forgeron

C'est par la pratique qu'on développe son intuition et non pas en lisant des ouvrages sur le sujet. La lecture étant en effet une activité essentiellement cérébrale, votre esprit raisonnant peut alors entraver votre esprit intuitif.

Vous aurez quelques exercices à faire, les mêmes que ceux que j'utilise au cours des stages que j'organise depuis bientôt vingt ans. Je sais que ces exercices sont efficaces et, de plus, ils sont amusants.

Afin que vous ayez des éléments de comparaison dans votre travail, je donne quelques exemples représentatifs, extraits du travail de mes élèves.

Votre matériel de travail

Afin de tirer le meilleur parti des exercices d'intuition que je vous propose, il s'avère très utile de s'équiper d'un magnétophone. En effet, il est toujours préférable de faire des exercices qui se rapprochent de la situation réelle et donc de dire ses réponses plutôt que de les écrire. Enregistrez vos réponses spontanées, vous pourrez ensuite les transcrire.

Dire plutôt qu'écrire présente l'avantage de la spontanéité et laisse moins de temps à l'esprit raisonnant de parasiter l'intuition. Par ailleurs, on écrit lentement et la plupart des gens n'arrivent pas à suivre le flot de leurs impressions intuitives. En fait, si l'on arrive à retrouver le fil de ses pensées, c'est le signe que ce n'est pas l'intuition qui parle.

Après avoir enregistré vos réponses, notez-les. Étant donné que vous aurez de nombreux exercices à faire au cours des chapitres suivants, équipez-vous également d'un carnet. Changez de page à chaque nouvel exercice afin de pouvoir comparer aisément vos réponses dans les différents exercices.

Comment ce livre est organisé

Dans leur vaste majorité, les chapitres sont courts et conçus comme une « expérience » en soi. Les exercices sont inclus au fil du texte. L'ordre des exercices constitue une progression. Faites donc les exercices dans l'ordre, du début à la fin.

Vous ne comprendrez peut-être pas toujours ce que je vous demande de faire

Je vous demanderai parfois de faire un exercice dont l'objectif ne sera dévoilé que quelques chapitres plus loin. Certaines personnes trouvent cela frustrant mais cela fait partie du processus d'apprentissage. Sachez simplement que si vous faites les exercices consciencieusement, vous en retirerez ce que vous avez besoin d'apprendre, même si sur le moment vous ne comprenez pas ce qu'on vous demande de faire.

Si vous préférez, vous pouvez ne pas lire le texte

Je le répète, ceci est un ouvrage pratique. La seule manière de développer son intuition est de s'en servir. Le texte des chapitres parle de l'intuition afin de satisfaire votre curiosité et de répondre aux questions habituelles. Mais il est tout à fait possible de développer sa capacité intuitive sans comprendre ce qu'on fait ni pourquoi. Je ne plaisante donc pas quand je dis que vous pouvez très bien vous passer de mes explications (si par exemple vous manquez de temps) pour vous consacrer uniquement aux exercices.

Prenez votre temps

Utiliser ce livre pour développer son intuition, c'est comme faire du sport de l'esprit. Au fil des exercices, vous améliorerez votre aptitude à utiliser votre intuition de façon pratique. Chaque exercice vise un aspect différent de l'intuition, par exemple remarquer, rendre compte ou intégrer. Essentiellement, vous apprenez à votre inconscient à fournir les nombreux aspects qui composent une « lecture » utilisable par le conscient.

Efforcez-vous de ne pas lire ce livre trop vite ou en une seule fois. Redécouvrir et développer son intuition ne se fera pas du jour au lendemain. D'ailleurs, même si les exercices son simples, ils devraient être pratiqués quotidiennement.

Ne regardez pas les réponses avant d'avoir fini !

Pour la plupart des exercices, une réponse est donnée en bas d'une page, un peu plus loin. Quand vous travaillez sur un exercice, résistez à la tentation d'aller voir les réponses. Même furtif, un coup d'œil suffit pour que le subconscient enregistre l'information que seule votre intuition doit découvrir.

Pensez à prendre soin de vous

Dans les jours et les semaines à venir, vous allez fortement solliciter une partie de vous-même qui n'y est pas habituée. Votre corps et votre esprit auront alors besoin de tout le repos et de toute l'attention que vous pourrez leur fournir.

Concentrez-vous le plus possible sur les choses qui vous font du bien. Mangez des bonnes choses. Allez vous promener. Faites de l'exercice. Étirez-vous et détendez-vous. Faites-vous masser.

Bon, eh bien commençons ! Étant donné que ce livre a pour but de vous aider à développer et à utiliser l'intuition dans *votre* vie, je vais vous demander au chapitre suivant de trouver quels sont vos objectifs, vos valeurs et vos priorités.

- 3 -

DÉTERMINER CE QUI COMPTE VRAIMENT POUR VOUS

A QUOI SE RÉSUME VOTRE VIE ?

On dit parfois que, pour chacun, la vie se résume à une seule question. Vous vivez votre vie à travers cette question, la recherche de sa réponse et du sens qu'elle a pour vous. Mais avant d'arriver à cette question suprême, il faut généralement se poser et répondre à de nombreuses questions préliminaires. Vous réalisez progressivement le lien qui unit toutes ces questions jusqu'à pouvoir les distiller en une seule. Vous parviendrez à cela moins en glanant des informations venant de sources empiriques qu'en vous interrogeant vous-même et en mettant au jour une connaissance que vous ignoriez posséder.

Répondre à une question par une autre question qui révèle une vérité plus grande est un élément fondamental de nombreuses traditions religieuses, hébraïque, jésuitique ou zen par exemple. C'est en atteignant les questions importantes, profondes, vitales qu'on découvre le sens de tout cela et que le questionnement peut être amené à un niveau supérieur. Les questions nous entraînent dans des zones inconnues avec lesquelles nous nous familiarisons ensuite.

Un grand psychothérapeute m'a dit un jour : « Vous voulez des réponses à des questions que seule une personne comme vous pense à poser. » J'ai cru à l'époque qu'il faisait simplement référence à mon intelligence. Or j'ai réalisé depuis que certaines questions sont si inextricablement liées à ce que nous sommes que les réponses ne peuvent venir que de nous. Et bien souvent, notre for intérieur est le dernier lieu où nous cherchons des réponses.

La fonction de l'intuition est de nous amener à ces réponses. La fonction du cœur et de l'esprit est de formuler les questions.

Ce livre vous aidera à répondre aux questions que vous vous posez en vous renvoyant dans vos buts, si je puis m'exprimer ainsi, tant il est vrai que vous êtes la seule personne à pouvoir répondre aux questions fondamentales de votre vie. Je suis toujours étonnée de constater que nous attendons de disciplines telles que la philosophie, la religion ou l'intuition qu'elles répondent à des questions sur le sens même de l'existence alors qu'en revanche, nous sommes persuadés que le « je » individuel, qui génère justement ces philosophies, ne peut pas répondre à des questions simples telles que : le cours de l'or va-t-il monter en février ? où est-ce que j'ai bien pu ranger mes clés de voiture ? ou, plus sérieusement, comment puis-je améliorer ma relation avec untel ou unetelle ?

La vie est faite de petites questions.

L'INTUITION EN ACTION
L'ANECDOTE D'UN ÉLÈVE

Je suis médecin. Je me souviens que j'étais en train d'avaler un sandwich entre deux rendez-vous. Tout de suite après le déjeuner, je devais voir une nouvelle patiente, âgée d'une quarantaine d'années. Tout en mangeant mon sandwich, j'ai senti qu'elle avait peut-être un problème à la thyroïde. Je vous rappelle que c'est une patiente que je n'avais jamais vue. Je me suis dit qu'il fallait que je pense à lui faire faire un bilan thyroïdien complet bien qu'en prenant rendez-vous, elle n'ait signalé aucun symptôme. Elle venait simplement pour un check-up. Effectivement, à l'examen clinique, elle me parut être en bonne santé.

J'avais malgré tout prescrit un bilan thyroïdien. Lorsque je reçus les examens de laboratoire quelques jours plus tard, ils signalaient des taux anormalement bas de thyroxine et de calcitonine.

J'ai donc rappelé ma patiente pour l'examiner à nouveau. Puis je l'ai envoyée chez un radiologue qui découvrit sur sa thyroïde un nodule à peine visible, confirmant ainsi mon diagnostic intuitif. J'ai adressé ma patiente à un spécialiste qui la traita et évita ainsi des complications potentiellement dangereuses.

Ceci n'est qu'un des nombreux exemples de l'intuition telle que je l'applique dans ma pratique professionnelle depuis que j'ai suivi cette formation. Je n'agirai jamais uniquement sur une « pulsion » intuitive mais mon intuition m'indique presque toujours avec justesse quelle piste je dois suivre.

Mettre au jour vos priorités

Voici un questionnaire simple qui vous permettra de définir les informations dont vous aurez besoin pour tirer le meilleur parti du chapitre suivant. C'est aussi le premier exercice pour apprendre à ouvrir la porte de votre intuition.

EXERCICE 1
SE METTRE EN CONTACT AVEC SOI-MÊME

1ÈRE PARTIE

Enregistrez votre réponse spontanée à chacune des questions suivantes, même si apparemment elle n'a aucun sens pour vous. Soyez honnête. N'essayez pas de faire le malin, de m'impressionner ou de bluffer votre entourage. Soyez bref : parfois un seul mot suffira. Vous aurez bientôt l'occasion de donner des réponses plus élaborées.

Même si cet exercice ne demande que des réponses brèves, peut-être souhaiterez-vous qu'un ami lise les questions et note vos réponses. Sinon, utilisez votre magnétophone.

Souvenez-vous, ce sont des réponses spontanées que je souhaite, d'accord ? On y va :

— Spontanément, que voulez-vous ?
— Spontanément, de quoi avez-vous besoin ?
— Spontanément, quelle est votre plus grande peur ?
— Spontanément, quel est votre plus grand souhait ?
— Spontanément, de quoi avez-vous besoin pour être heureux ?
— Spontanément, quelle est votre ambition ?
— Spontanément, quel est votre plus grand talent ?
— Spontanément, quel est votre plus grand obstacle ?
— Spontanément, en quoi êtes-vous votre pire ennemi ?
— Spontanément, quel est l'aspect de votre vie qui vous satisfait le plus ?
— Spontanément, qu'est qui vous manque dans la vie ?
— Spontanément, quel domaine de votre vie souhaiteriez-vous le plus voir changer dans l'année à venir ?
— Spontanément, quelle est votre mission ?

2ÈME PARTIE

Relisez vos réponses aux questions précédentes. Maintenant, j'aimerais que vous réfléchissiez à chaque question avant d'y répondre. Cette fois-ci, vos réponses seront plus longues que la première fois mais vous devez néanmoins vous efforcer d'être concis. Si vous êtes bloqué, reportez-vous à vos réponses précédentes.

On y va :

— Après réflexion, que voulez-vous ?
— Après réflexion, de quoi avez-vous besoin ?
— Après réflexion, quelle est votre plus grande peur ?
— Après réflexion, quel est votre plus grand souhait ?
— Après réflexion, de quoi avez-vous besoin pour être heureux ?

— Après réflexion, quelle est votre ambition ?
— Après réflexion, quel est votre plus grand talent ?
— Après réflexion, quel est votre plus grand obstacle ?
— Après réflexion, en quoi êtes-vous votre pire ennemi ?
— Après réflexion, quel est l'aspect de votre vie qui vous satisfait le plus ?
— Après réflexion, qu'est-ce qui manque dans votre vie ?
— Après réflexion, quel domaine de votre vie souhaiteriez-vous le plus voir changer dans l'année à venir ?
— Après réflexion, quelle est votre mission ?

Notez vos réponses dans votre carnet. Si vous avez utilisé un magnétophone, reportez vos réponses par écrit avec précision.

Pensez à noter le numéro de l'exercice ainsi que la date.

Les réponses d'une de mes élèves

Voici les réponses d'une de mes élèves, qui constituent un exemple caractéristique. Pour vous resituer un peu dans le contexte, je peux préciser qu'il s'agit d'une jeune femme qui est en train de vivre un divorce difficile. Je le répète, les exemples que je donne ici émanent de gens comme vous qui font leurs premiers pas dans le développement de l'intuition. J'ai soigneusement évité les exemples qui sortaient trop de l'ordinaire.

— Spontanément, que voulez-vous ?
— *Un foyer.*
— Spontanément, de quoi avez-vous besoin ?
— *D'aide.*
— Spontanément, quelle est votre plus grande peur ?
— *Qu'on m'oublie.*
— Spontanément, quel est votre plus grand souhait ?
— *L'harmonie.*
— Spontanément, de quoi avez-vous besoin pour être heureuse ?

— *De force.*
— Spontanément, quelle est votre ambition ?
— *L'amour.*
— Spontanément, quel est votre plus grand talent ?
— *L'amour.*
— Spontanément, quel est votre plus grand obstacle ?
— *Moi-même.*
— Spontanément, en quoi êtes-vous votre pire ennemi ?
— *Par mes peurs.*
— Spontanément, quel est l'aspect de votre vie qui vous satisfait le plus ?
— *L'amour.*
— Spontanément, qu'est qui vous manque dans la vie ?
— *La sécurité.*
— Spontanément, quel domaine de votre vie souhaiteriez-vous le plus voir changer dans l'année à venir ?
— *La résolution de mes problèmes.*
— Spontanément, quelle est votre mission ?
— *Aimer.*

Voici les réponses de cette élève après réflexion :

— Après réflexion, que voulez-vous ?
— *Une vie stable et équilibrée.*
— Après réflexion, de quoi avez-vous besoin ?
— *D'argent et de lucidité.*
— Après réflexion, quelle est votre plus grande peur ?
— *Qu'on fasse du mal à quelqu'un que j'aime.*
— Après réflexion, quel est votre plus grand souhait ?
— *Avoir une vie de famille heureuse.*
— Après réflexion, de quoi avez-vous besoin pour être heureuse ?
— *De lucidité et des ressources nécessaires pour protéger et subvenir aux besoins de ceux que j'aime.*
— Après réflexion, quelle est votre ambition ?
— *Avoir une famille heureuse.*
— Après réflexion, quel est votre plus grand talent ?
— *Créer de belles choses.*

— Après réflexion, quel est votre plus grand obstacle ?

— *Mon manque de lucidité et d'organisation ainsi que mon émotivité.*

— Après réflexion, en quoi êtes-vous votre pire ennemi ?

— *Je doute sans arrêt de moi au lieu de faire confiance à mes choix et à mes motivations.*

— Après réflexion, quel est l'aspect de votre vie qui vous satisfait le plus ?

— *La relation que j'ai avec mon expression la plus significative, ma carrière professionnelle ; qui est mon enfant en tant que personne.*

— Après réflexion, qu'est-ce qui manque dans votre vie ?

— *Un soutien, un soutien fiable, quelqu'un à qui je pourrais déléguer certaines responsabilités.*

— Après réflexion, quel domaine de votre vie souhaiteriez-vous le plus voir changer dans l'année à venir ?

— *Trouver une issue positive à mes problèmes conjugaux.*

— Après réflexion, quelle est votre mission ?

— *Créer, cocréer, l'harmonie autour de moi et en moi.*

Le but de cet exercice

L'objet de ce livre est de vous permettre de répondre aux questions importantes de votre vie. Vous venez de commencer à y réfléchir. Au chapitre suivant, je vous demanderai d'y réfléchir de façon plus concrète.

L'INTUITION EN ACTION
L'ANECDOTE D'UNE ÉLÈVE

Mon amie Anne était perturbée par un coup de téléphone qu'elle avait reçu récemment. Matthew, son fils de quatre ans, avait une attitude très agressive à l'école. Les enseignants et quelques parents d'élèves commençaient à s'en plaindre. Anne et son mari avaient cherché en vain la cause du problème de leur enfant.

Elle m'a donc appelée pour parler de son problème. Je n'avais pas vu le fils d'Anne depuis plus d'un an. L'image d'un vieux grand-père m'est venue à l'esprit. J'ai senti qu'il était la cause de la peur du petit garçon. Puis j'ai senti que Matthew avait peur que tous les membres de son entourage tombent malade comme son grand-père.

J'ai fait part à Anne de mes impressions. Elle m'a dit qu'effectivement, son père avait eu une attaque récemment et que Matthew avait été bouleversé de voir son grand-père alité.

J'ai dit à Anne que j'avais l'impression que Matthew se protégeait de ses peurs en s'absorbant dans ce qu'il faisait. Si on le troublait dans sa concentration, même gentiment, il se sentait probablement agressé. Si, par exemple, une maîtresse d'école voulait parler à Matthew pendant qu'il était en train de peindre ou de dessiner, Matthew pouvait très bien lui dire en hurlant de le laisser tranquille.

Au fur et à mesure que je parlais à Anne des difficultés de son fils, j'entrais de plus en plus dans un état intuitif. Je lui donnai une description de la situation de plus en plus claire et détaillée. Anne m'a avoué plus tard que ce que je lui avait dit ce jour-là semblait presque sortir de la bouche de son fils.

Avec cette nouvelle compréhension des choses, Anne et son mari sont allés voir les enseignants. Ils ont expliqué à la maîtresse de Matthew ce qui le perturbait. Ensemble, ils se sont efforcés d'une part d'aider Matthew à s'exprimer et d'autre part de lui donner les moyens de gérer la situation quand il était interrompu dans ce qu'il faisait.

- 4 -

ACCORDEZ-VOUS TROIS VŒUX

IMAGINEZ QUE VOUS PUISSIEZ DEMANDER N'IMPORTE QUOI...

Imaginez que vous ayez rendez-vous avec quelqu'un d'extraordinaire qui est capable de tout voir et tout savoir. Je sais bien que c'est à peine croyable mais cette personne est capable de vous dire tout ce que vous voulez savoir sur n'importe qui ou n'importe quel événement du passé, du présent et même de l'avenir.

Cette personne extraordinaire vous a accordé de répondre à trois questions de votre choix. Trois questions. N'importe lesquelles. Quelles questions poseriez-vous ?

Vous ne choisiriez certainement pas des questions sans importance puisque vous savez que vous ne pouvez en poser que trois. Ce n'est pas le moment de demander où vous avez rangé vos clés de voiture ni si vous devez acheter un cardigan plutôt qu'un pull à votre mère pour Noël. Vous n'aimeriez pas gâcher ainsi cette occasion absolument unique.

Vous chercheriez plutôt des réponses aux grandes questions de votre vie, probablement sur votre carrière professionnelle ou votre vie affective. Vos questions concerneraient peut-être les obstacles ou les occasions que vous serez susceptible de rencontrer au cours des prochains mois et la meilleure manière de les gérer. Peut-être aussi y a-t-il un mystère dans votre passé que vous aimeriez éclaircir une bonne fois pour toutes.

Étant donné que vous souhaitez pouvoir utiliser les informations qu'on va vous donner, vous ne poseriez probablement pas de questions sur des événements situés trop loin dans l'avenir. Vous poseriez des questions sur des choses que vous pouvez vérifier d'une manière ou d'une autre au cours des six ou douze prochains mois, au plus dans quelques années. Car si vous demandiez par exemple quel est le sens de la vie, vous ne seriez pas en mesure de vérifier si la réponse obtenue est vraie ou non.

EXERCICE 2
DONC, QUELLES QUESTIONS POSERIEZ-VOUS ?

Prenez du papier et un crayon et trouvez trois questions. Ces questions peuvent être d'ordre personnel ou professionnel, vous concerner ou concerner quelqu'un que vous connaissez ou même quelqu'un qui n'est pas encore arrivé dans votre vie.

Trois questions.

Ne soyez pas timide, laissez-vous vraiment aller. Personne d'autre que vous ne va voir ces questions. Ne pensez pas que vos questions soient bêtes. Ainsi, pour ma part, ma principale question entre l'enfance et l'adolescence était : « Mes seins vont-ils pousser un jour ? »

Il n'est pas nécessaire que ce soit des questions auxquelles on réponde par oui ou par non. Il vaut mieux qu'elles soient diversifiées et ne se recoupent pas mais elles n'ont pas besoin d'être dans un ordre particulier.

Je le répète, posez des questions auxquelles vous souhaitez vraiment répondre.

Ne vous inquiétez pas de savoir si vous avez formulé correctement vos questions. Vous pourrez les peaufiner au chapitre suivant.

Si vous avez du mal à choisir trois questions, commencez par noter toutes celles qui vous passent par la tête puis procédez par élimination en choisissant celles auxquelles vous souhaitez le plus répondre.

Quand vous avez terminé, notez vos trois questions sous l'en-tête exercice 2 dans votre carnet.

VOICI CE QUE JE VOUS PROMETS

Quand vous aurez fini la lecture de ce livre, vous aurez une réponse détaillée à chacune de vos trois questions. Vous n'avez pas besoin de faire de recherches, de demander à un spécialiste ni de téléphoner à S.O.S Voyance.

Comment est-ce possible ? vous demandez-vous. Vous vous souvenez de cette personne extraordinaire dont je vous ai parlé et qui peut répondre à n'importe quelle question ?

Eh bien, cette personne, c'est vous. Oui, vous.

Comme vous le découvrirez bientôt, vous êtes déjà un intuitif ou une intuitive. Inconsciemment, vous avez sans arrêt recours à votre « sixième sens ». Vous n'avez simplement pas conscience de votre intuition ou n'avez pas appris à la reconnaître. Croyez-moi : vous avez la capacité d'obtenir instantanément des informations utiles sur n'importe quel sujet et à n'importe quel moment, que vous ayez ou non une connaissance intellectuelle de ce sujet.

Ce livre va vous aider à développer votre maîtrise, consciente, de cette étonnante faculté que nous avons tous. A travers les exercices, vous allez répondre à chaque question non pas une fois mais plusieurs fois, selon différents points de vue et différents cadres temporels. A propos, rien ne vous empêche de répondre par vous-même à d'autres questions tandis que vous travaillez à développer vos capacités intuitives. Si je vous ai limité à trois questions, c'est simplement pour vous accompagner au fil des exercices de façon structurée. Je sais que cette méthode est efficace parce qu'au cours des dix dernières années, j'ai aidé des milliers de gens à se servir de leur intuition. Vous-même serez en mesure à la fin de ce livre d'utiliser votre intuition de façon très performante.

Et souvenez-vous, ce n'est pas moi qui vais répondre à vos trois questions. C'est vous.

Pour cela, vous devez faire les exercices consciencieusement. Étant donné qu'ils concernent tous les grandes questions de votre vie, je suis sûre que vous leur accorderez toute votre attention. De plus, ils sont rapides et amusants et vous donneront sur le champ une idée de vos progrès.

SI VOUS AVEZ DES DOUTES

Vous êtes peut-être sceptique à l'idée que quelqu'un — sans parler de vous-même ! — puisse répondre à ces questions. Je vous comprends. Au départ, beaucoup de mes élèves sont sceptiques.

Je vais donc vous demander la même chose qu'à eux. Si vous pensez ne pas pouvoir répondre à ces questions, j'aimerais que vous cultiviez une attitude que vous avez peut-être oubliée depuis l'enfance. J'aimerais que vous fassiez semblant.

L'aptitude à faire semblant est si importante dans le processus d'apprentissage de l'intuition que le chapitre 11 lui est consacrée.

L'INTUITION EN ACTION
L'ANECDOTE D'UN ÉLÈVE

Il y a bientôt vingt ans que je travaille dans la finance. Je suis conseiller en investissement et spécialisé dans l'offre des valeurs nouvellement cotées. Chaque matin, mon bureau est couvert de documentation sur des sociétés cherchant à être inscrites à la cote officielle de l'une des trois principales places boursières. L'année dernière, j'avais fait un week-end de formation avec Laura sur l'utilisation de l'intuition pour améliorer la prise de décision. Je n'avais pas dit à mes amis et collègues investisseurs que j'allais faire ce stage. L'intuition paraissait en effet quelque peu déplacée dans cet univers d'analyses et de calculs sophistiqués qui est le mien.

Je fus pourtant impressionné, au cours du stage de Laura, par la découverte de mes capacités intuitives latentes et, malgré les taquineries de ma secrétaire, je commence désormais chaque matin ma journée de travail par un petit rituel : avant d'ouvrir mon premier dossier, je prends des notes que je donne ensuite à ma secrétaire pour qu'elle les tape. Ensuite seulement j'ouvre le premier dossier.

Puis un lundi matin, alors que j'allais prendre des notes sur le premier dossier de la pile, l'image d'un lapin qui s'apprêtait à descendre une montagne à ski m'est soudain venue à l'esprit. Cette image me semblait ridicule mais j'en ai néanmoins pris note. J'avais en effet appris avec Laura à ne pas mépriser les images intuitives même si elles paraissent a priori saugrenues.

Le lapin partit du sommet d'une très haute montagne et fonça en bas de la pente. Il resta là pendant ce qui me parut durer des semaines entières avant de commencer la lente ascension d'une montagne encore plus haute. Soudain, j'ai pensé aux cinq doigts de ma main gauche. Je pris note de tout cela et commençai ma journée de travail. J'ai ouvert un dossier et, en feuilletant les brochures, j'ai remarqué une société de matériel pour la maison et le jardin qui me fit penser au lapin. Je fis rapidement quelques investigations et découvris que la plupart des analystes pensaient que cette nouvelle cotation allait faire du bruit.

Quelques minutes avant l'ouverture de la Bourse, j'ai décidé du nombre d'actions à acheter. Trop tard apparemment car la demande initiale pour ce titre avait été tellement forte que l'ouverture fut retardée de plus d'une heure. Lorsque les transactions ont enfin commencé, je me suis mordu les doigts. Le titre avait fait un bond de plus de 25 pour cent sur sa cotation initiale et continua de monter pendant la première heure des transactions. Il n'y avait pas assez d'actions pour répondre à la demande et, à midi, le titre avait doublé de prix.

Ayant manqué cette première occasion, j'ai décidé d'attendre. Je me suis souvenu de mon lapin qui avait commencé par descendre la pente. Effectivement, après quelques jours de succès, la valeur se déstabilisa puis s'effondra. Moins de trois semaines après, la valeur était tombée en dessous de sa cotation initiale. Les semaines passèrent et cette valeur resta faible, connaissant des baisses fréquentes. Tandis que les autres analystes publiaient à retardement de brillantes explications sur l'effondrement de cette société, je continuai pour ma part à suivre attentivement son cours.

Quelques semaines plus tard, j'ai consulté à l'écran le cours de clôture des valeurs et j'ai remarqué que les actions de la société de matériel pour la maison et le jardin n'avaient jamais été aussi basses : cinq dollars. Me souvenant de l'image des cinq doigts de ma main gauche, j'ai consulté mes notes et mes impressions intuitives. Dès le lendemain matin, je passais un ordre d'achat important à l'ouverture. A la clôture, la valeur était fortement en hausse.

Cette valeur continua à monter et j'ai continué à acheter des actions. Au bout de quelques mois, la valeur dépassa sa cotation initiale et atteignit de nouvelles hauteurs. J'ai fini par revendre mes actions en réalisant un bénéfice salué par mes collègues comme un coup de maître. Depuis ce jour, ma secrétaire ne me taquine plus.

- 5 -

Sans plus tarder

Sonder son inconscient

Nous allons effectuer quelques fouilles dans votre inconscient, si l'on peut dire. N'essayez pas de trouver à tout prix une signification à l'exercice suivant. Il n'en a pas. Son but est simplement de vous mettre dans un état d'esprit détendu et réceptif.

EXERCICE 3
SE METTRE EN CONDITION

Préparez votre magnétophone ou votre carnet. Pendant quelques instants, prenez conscience de ce que vous ressentez. Respirez profondément.

Concentrez-vous uniquement sur votre respiration. Tout en lisant ces mots, laissez vos sens vagabonder. Suivez l'un d'eux là où il veut aller.

Continuez ainsi pendant quelques minutes. Enregistrez toutes vos impressions et notez-les dans votre carnet sous l'en-tête exercice 3.

Maintenant que vous êtes « centré », faites consciencieusement l'exercice suivant. C'est délibérément que je ne vous en dis pas plus pour l'instant. Faites simplement l'exercice.

EXERCICE 4
ASSOCIATIONS INTUITIVES

Préparez votre magnétophone ou votre carnet. Pendant quelques instants, prenez conscience de ce que vous sentez. Pendant quelques instants encore, faites quelque chose qui vous déconnecte de ce que vous sentez. Faites ce que vous voulez à condition que cela vous aide efficacement à vous déconnecter : respirez profondément, étirez-vous, criez, sautez…

Lorsque vous serez prêt, asseyez-vous pour répondre aux « déclencheurs » suivants. Un peu comme dans le test de Rorschach, dites la première idée correspondante qui vous vienne à l'esprit. Par exemple, si le déclencheur demande une couleur et que vous pensiez à un goût, attendez jusqu'à ce qu'une couleur vous vienne à l'esprit.

Ne passez pas plus de quelques secondes sur chaque déclencheur. Si aucune réponse ne vous vient à l'esprit, inventez-en une.

Allons-y :

— un nom d'homme
— un nom de femme
— un nom d'animal
— un nom de rivière
— un endroit
— une durée
— un aliment
— une couleur
— une arme
— un remède
— un vœu
— une peur
— un souvenir

Si vous avez l'impression que vous vous « retenez » ou essayez de trouver d'autres réponses, faites l'exercice plusieurs fois. Enregistrez toutes vos réponses. Notez-les dans votre carnet sous l'en-tête exercice 4. Nous reviendrons à ces impressions à l'occasion d'un autre exercice.

QU'EST-CE QUE TOUT CELA SIGNIFIE ?

Quelques chapitres plus loin, je vous expliquerai ce que vous avez fait dans cet exercice. Mais ne sautez surtout pas les étapes. Pour l'instant, soyez patient. Si vous voulez comparer vos réponses avec celles de l'un de mes élèves, voici un exemple :

— un nom d'homme : Zach
— un nom de femme : Jane
— un nom d'animal : Rose, un âne
— un nom de rivière : le Danube
— un endroit : Boston
— une durée : un an
— un aliment : des herbes aromatiques
— une couleur : jaune
— une arme : des mains ouvertes
— un remède : la force, des épinards
— un vœu : un diamant
— une peur : l'échec
— un souvenir : je me balance dans un hamac en chantant un negro spiritual.

QU'AVEZ-VOUS RESSENTI ?

Consciemment, peut-être étiez-vous agacé qu'on vous demande de faire un exercice qui, apparemment, n'a ni queue ni tête. Mais votre inconscient, lui, savait très bien ce qu'on attendait de lui. Je peux vous dire maintenant que j'ai choisi ces treize déclencheurs parce qu'ils sont évocateurs. Je le répète, nous reviendrons bientôt à cet exercice. Auparavant, nous devons voir ce que signifie le fait de poser une question.

L'INTUITION EN ACTION
UNE HISTOIRE VRAIE

J'avais une vingtaine d'années lorsque je fus invitée à parler devant un groupe d'hommes d'affaires, de scientifiques et autres intuitifs sur le sujet de l'intuition. Nous avons partagé quelques étonnantes histoires sur des usages très pratiques et terre à terre de l'intuition. Voici celle que je préfère.

Il y a de nombreuses années, un groupe d'intuitifs a fait l'objet de recherches à Stanford. On leur a notamment demandé de prédire le cours de l'argent pour le compte d'un homme d'affaires, sans leur dévoiler son identité.

Afin d'avoir un moyen de contrôle « scientifique », un programme informatique, conçu pour l'occasion, générait au hasard des images correspondant à la hausse, à la baisse ou à la stabilité du cours. Ainsi, au lieu de prédire un chiffre — ce qui aurait pu gêner l'intuition pure — les participants prédisaient quelle image l'ordinateur allait associer à la tendance du cours. Chaque jour, l'ordinateur changeait les images et, chaque jour, les intuitifs choisissaient celle qui représentait le cours de l'argent.

Pendant une période étonnamment longue, le groupe prédit correctement les fluctuations du marché de l'argent. On pouvait dire qu'ils étaient dans le mille à chaque fois.

Finalement, la curiosité eut raison de l'homme d'affaires qui voulut connaître ces intuitifs qui prédisaient avec tant de précision les fluctuations d'un marché auquel ils ne connaissaient rien. Tout aussi curieux que lui, les intuitifs donnèrent leur accord.

Les intuitifs détestèrent l'homme d'affaires au premier coup d'œil. Le lendemain matin, ils se remirent au travail et, pour la première fois, la prédiction de chacun fut fausse. Et pendant les semaines qui suivirent, ils continuèrent à se tromper. Les statisticiens qui travaillaient avec eux affirmèrent que ce taux d'erreur était mathématiquement impossible. Au cours des semaines suivantes, les intuitifs atteignirent un taux de cent pour cent d'erreur !

C'est qu'après avoir rencontré l'homme d'affaires et compris qu'ils ne l'aimaient pas, leur subconscient avait décidé d'arrêter de fournir à cet homme des réponses justes. Avant cette prise de conscience, ils l'avaient aidé à accaparer le marché de l'argent. Mais au bout du compte, il perdit des millions de dollars.

- 6 -

L'ART DE POSER LES BONNES QUESTIONS

FAITES ATTENTION À CE QUE VOUS SOUHAITEZ, VOUS POURRIEZ ÊTRE EXAUCÉ

Pour paraphraser ce sage conseil, je dirais qu'il faut que vous fassiez attention aux questions que vous posez à votre intuition parce que vous en trouverez sûrement la réponse.

L'informatique a un aspect frustrant en ce sens que les ordinateurs ne font que ce qu'on leur demande. Si un ordinateur fonctionne mal, c'est que vous ne lui avez pas donné les bonnes indications. D'une certaine manière, il en va de même avec votre intuition. Elle ne répond qu'à la question que vous lui avez posée. Donc, si vous voulez obtenir une réponse pertinente, assurez-vous d'abord de poser la bonne question.

Étant donné que vous allons passer le reste de ce livre à répondre aux trois questions que vous avez posées au chapitre 4, nous devons nous assurer que vous les avez formulées correctement.

UN ANTIQUE EXEMPLE

L'exemple peut-être le plus célèbre de question ambiguë posée à un intuitif date de l'Antiquité. Cela se passait en Grèce : un roi très puissant, qui s'apprêtait à envahir un royaume ennemi, demanda à l'oracle de Delphes si une grande bataille allait être gagnée. L'oracle répondit par l'affirmative.

L'oracle avait raison : une grande bataille fut effectivement gagnée mais, malheureusement pour notre roi, ce fut son rival qui la remporta. S'il en avait su autant que vous en savez désormais sur l'art de poser des questions, il aurait formulé différemment sa question : « Vais-je réussir demain à envahir le royaume de mon rival ? » Ou mieux : « Vais-je réussir demain à envahir le royaume de mon rival dans *des conditions acceptables* ? »

Revenons au présent

Tout comme cet infortuné monarque, il nous est facile de poser des questions que nous n'avons pas vraiment l'intention de poser.

Prenons un exemple simple. Supposons que vous soyez d'humeur fantaisiste et que la première question qui vous vienne à l'esprit soit : « Va-t-il pleuvoir demain ? »

La réponse sera nécessairement oui. *Bien sûr* qu'il pleuvra demain, quelque part !

L'INTUITION EN ACTION
UNE ANECDOTE

J'étais assise à l'avant, à côté de mon ami au volant. Partis de Rome, nous allions à Florence où nous devions visiter une foire exposition. En Italie, j'avais tendance à faire comme les Italiens et à ne pas mettre ma ceinture de sécurité. Une pluie battante se mit à tomber et je me suis endormie sans être attachée. J'ai été réveillée en sursaut par la voix de ma mère qui me hurlait : « Attache ta ceinture, tout de suite ! » J'avais beau être dans un demi-sommeil, je n'en ai pas moins mis aussitôt ma ceinture. Une seconde plus tard, un choc terrible me faisait perdre connaissance. Le camion devant nous avait freiné brutalement et la chaussée mouillée avait empêché notre voiture d'éviter l'accident.

Le chauffeur du camion vint me dégager de la voiture. Je repris vaguement connaissance, j'étais en état de choc et demandai s'il y avait des blessés. Je n'eus pas le temps d'entendre la réponse et perdis à nouveau connaissance.

J'étais aux urgences quand je suis revenue à moi. J'entendais des voix qui parlaient en italien au-dessus de ma tête. Au milieu de ma confusion, j'avais néanmoins quelques éclairs de lucidité et j'ai dit au personnel soignant qu'il était normal pour moi d'avoir une tension basse et que je ne pensais pas avoir d'hémorragie interne, donc qu'ils veulent bien attendre avant de m'opérer. Ce qu'ils firent, Dieu merci.

Personne n'était gravement blessé. Le conducteur avait une commotion cérébrale et quelques côtes cassées par le volant ; je m'en sortais avec une entorse et des égratignures. Si je n'avais pas été attachée, ç'aurait été une toute autre histoire.

Notre accident avait eu lieu non loin d'une petite ville et des curieux sont venus voir notre véhicule ; quelques uns sont mêmes venus admirer ces passagers qui avaient eu la vie sauve contre toute espérance. Je trouvais le comportement de ces curieux assez bizarre jusqu'à ce que j'aille voir notre voiture à ma sortie d'hôpital. L'avant était complètement enfoncé tandis que le toit et l'arrière étaient fortement déformés. Je réalisai alors avec stupéfaction que c'était un miracle que je sois encore en vie et que je le devais à l'avertissement de ma mère qui était morte douze ans auparavant.

UNE QUESTION BIEN POSÉE EST UNE QUESTION À MOITIÉ RÉPONDUE

Je paraphrase le dicton selon lequel un problème correctement posé est à moitié résolu. Il en va de même pour vos questions. Comprendre ce que vous demandez dévoile souvent une bonne partie de la réponse.

Ceci dit, une question est *mauvaise* quand elle est différente de la question que vous voulez réellement poser. Très souvent ces questions sont ambiguës car elles peuvent avoir plusieurs interprétations.

Examinons quelques questions simples qui prêtent à confusion pour voir l'ambiguïté involontaire qui se cache derrière.

EXERCICE 5
REDÉFINIR DES QUESTIONS AMBIGUËS

Chacune des questions suivantes est ambiguë d'une manière ou d'une autre. Consacrez quelques minutes à cerner leur ambiguïté puis reformulez une ou deux versions plus précises de chaque question.
Voici les questions :

— Aurai-je assez d'argent ?
— Serai-je heureux (heureuse) ?
— Dois-je accepter ce nouveau poste ?
— Dois-je devenir artiste ?
— Me marierai-je et aurai-je des enfants ?

Notez vos remarques dans votre carnet. Je vous demande de faire cet exercice avant de lire le commentaire ci-après.

Commentaire de l'exercice

Ce qui suit est un bref commentaire de chaque question. Il n'est bien sûr pas exhaustif et vous aurez sans aucun doute d'autres commentaires à ajouter.

— *Aurai-je assez d'argent ?*

Assez est un mot douteux. Combien faut-il pour qu'il y en ait assez ? Assez pour payer vos factures courantes ? Assez pour impressionner vos voisins ? A quelle aune mesurez-vous le fait que vous en ayez assez ?

Voici quelques exemples de formulation plus précise : « Quand pourrai-je (ou que dois-je faire pour pouvoir) prendre ma retraite dans de bonnes conditions financières ? » Ou : « Quand aurai-je les moyens de vivre comme je le souhaite ? »

Cependant, même ces questions ont de surprenants tiroirs à double fond. Ainsi, peut-être aurez-vous assez d'argent dans dix ans pour pouvoir prendre votre retraite mais peut-être aussi serez-vous alors tellement passionné par votre travail que vous n'aurez nullement envie de l'abandonner. Dieu merci, la question n'était pas formulée ainsi : « Quand m'arrêterai-je de travailler ? » ni « Quand prendrai-je ma retraite ? » si ce que vous voulez vraiment savoir c'est : « Quand serai-je financièrement en mesure de prendre ma retraite ? »

— *Serai-je heureux (heureuse) ?*

Vous pourriez avoir un traumatisme crânien ou un accident vasculaire cérébral — touchez du bois — qui limite vos capacités à être soucieux et vous rende ainsi « heureux ».

Comme vous le voyez, le bonheur, même définitif, n'est pas sans complications. Vous pourriez essayer de préciser votre question, par exemple : « Quand tous les aspects de ma vie seront-ils réunis de façon satisfaisante ? » ou « Que faire pour engendrer le bonheur dans ma vie ? » ou encore « Qu'est-ce qui m'empêche d'être heureux (heureuse) ? »

Si votre réaction indique que vous ne serez jamais heureux (heureuse), ces questions peuvent alors amener une réponse du genre : « Je ne vous vois pas capable d'être satisfait(e) parce que cela impliquerait que vous baissiez la garde. Or, comme vous vous sentez vulnérable, il faudrait que vous corrigiez cette fragilité pour devenir heureux (heureuse).

— *Dois-je accepter ce nouveau poste ?*

Cette formulation, *dois-je,* pose des problèmes. La réponse dépend en effet de vos critères. Envisagez ces autres versions de la question :

— Dois-je accepter ce nouveau poste si la sécurité de l'emploi est ma priorité ?
— Dois-je accepter ce nouveau poste si l'expérience plutôt que le salaire est ma priorité ?
— Dois-je accepter ce nouveau poste si je souhaite pouvoir consacrer davantage de temps à ma famille ?

Votre réponse reflétera probablement de nombreuses sous-questions, conscientes ou inconscientes. Comme vous le voyez, pour affiner votre question, il faut d'abord réfléchir à *pourquoi* vous voulez changer de travail et à ce que ce nouveau poste pourrait vous apporter. C'est seulement à cette condition que vous serez en mesure de demander clairement si vos espoirs seront comblés.

— *Dois-je devenir artiste ?*

Les autres questions qui posent problème sont celles qui impliquent un choix. Dans cette question, par exemple, on peut envisager que vous preniez beaucoup de plaisir à peindre mais que vous ayez du mal à vendre vos toiles. Si le succès commercial est pour vous un critère, il faut l'inclure dans votre question. Par exemple : aurai-je du succès en tant que peintre (ou pianiste ou écrivain etc) ?

Encore faut-il définir le *succès*. Comment le mesurez-vous ? Peut-être vaudrait-il mieux formuler la question ainsi : « Quels critères dois-je prendre en compte pour décider si je veux ou non devenir artiste ? »

— *Me marierai-je et aurai-je des enfants ?*

Les questions composées posent aussi des problèmes. En effet, la réponse à la première partie de la question pourrait être oui et la réponse à la seconde non, ou vice versa. Peut-être vaudrait-il mieux demander : « Quel genre de foyer vais-je fonder et avec qui ? »

Comme vous le voyez, la formulation d'une question ne se résume pas à la correction grammaticale, lexicale ou philosophique. Il faut bien prendre conscience de toute la charge émotionnelle dont on investit une question au-delà de la logique de sa formulation.

EXERCICE 6
APPRENDRE A MIEUX SE CONNAÎTRE

Respirez profondément. Laissez votre esprit se détendre et retrouver en vous les lieux de votre mémoire. Faites confiance à votre inconscient : il vous fournira l'information dont vous avez besoin pour répondre à la question que vous avez posée.

Faites en sorte de rassembler toutes les composantes de ce qui est pertinent à la question posée dans cet exercice et que vous trouverez page suivante. Mais ne la lisez pas avant d'avoir terminé cet exercice !

Tout en lisant ces lignes, arrêtez-vous à chaque fois que vos perceptions rencontrent un souvenir, une sensation, un sentiment. Prenez-en note. Lorsque vos perceptions vagabondent, laissez-les faire jusqu'à ce que vous tombiez sur un autre souvenir.

Ne vous inquiétez pas de savoir s'il s'agit d'un vrai souvenir ou de quelque chose d'inventé.

Notez au moins quatre souvenirs dans votre carnet.

Lorsque vous considérez que vous avez terminé, tournez la page pour voir la question que vous venez de décrire.

LA RÉPONSE D'UN ÉLÈVE

Voici la réponse d'un de mes élèves. Il s'agit d'un homme d'une cinquantaine d'années :

Je me souviens de ma mère en train de m'expliquer quelque chose quand j'étais petit. J'adorais sentir son attention, ses efforts pour se mettre à ma portée et m'aider à comprendre. Ce n'était pas ce qu'elle m'expliquait qui comptait pour moi mais le fait que nous étions tous les deux comme dans une bulle.

Je suis assis à une table avec beaucoup de gens. Je veux m'en aller. Mais je ne peux même pas faire comme s'ils n'étaient pas là parce qu'ils n'arrêtent pas de me demander des choses auxquelles il faut que je réponde. Le dîner est servi. Il est décevant.

Je suis debout sur la plage. Les vagues m'emportent. La conversation de mes amis derrière moi me retient sur place. Il y a à la fois de la mélancolie et un sentiment d'attente, d'espérance et d'excitation. Je me sens changé.

L'INTUITION EN ACTION
L'ANECDOTE D'UN ÉLÈVE

J'ai fait un stage d'un week-end avec Laura et, bien qu'elle nous ait recommandé de rester au calme le temps du stage, je n'ai pu résister à l'envie d'aller à une soirée à laquelle j'étais invité. En allant me servir au buffet, je me suis rendu compte que j'étais un peu bizarre. Je n'arrivais pas à saisir les pensées qui me traversaient l'esprit ni la conscience que j'avais des choses qui m'entouraient. J'ai grignoté un peu et parlé à quelques personnes puis je suis rentré chez moi.

Le lendemain, la personne qui m'avait invité m'a téléphoné pour me dire que j'avais beaucoup intrigué l'un des autres convives à qui j'avais parlé. Apparemment, je l'avais félicité (et n'en avais aucun souvenir) d'avoir créé sa propre entreprise. Ce qui le laissait perplexe, c'est qu'il n'avait décidé que le matin même qu'il allait monter une affaire à lui. Comme il ne voulait pas que son employeur du moment soit au courant, il n'avait parlé à personne de son projet si ce n'est à sa femme et à l'associé qu'il envisageait d'entraîner dans l'aventure. Il ne voyait donc pas comment je pouvais être au courant de on projet si personne ne m'en avait parlé.

Lorsque je lui ai parlé de mon week-end de formation avec Laura, il m'a d'emblée demandé son numéro de téléphone. Il se sert maintenant des techniques intuitives pour prendre ses décisions et leur attribue une grande partie du succès de son entreprise.

Analyse de l'exemple

Gardez présent à l'esprit que les questions de cet homme étaient différentes des vôtres. Voici comment il a révisé sa question pour qu'elle ait davantage de sens :

> *Bien sûr, il fallait que je pose une question assez générale, par pur esprit de contradiction, et bien sûr n'était-ce pas justement la question*

à laquelle je fus confronté en premier. La question était : « Quel est le sens de ma lutte ? » Je ne voulais pas être plus précis au cas où quelqu'un lirait ma question.

Le premier souvenir fait référence à la soif d'intimité que j'avais étant enfant et à la manière dont ce désir était comblé. Le deuxième souvenir dit en fait que la vie à l'extérieur de cette bulle est décevante. Le troisième illustre la tension entre le réel et le possible, le passé et l'avenir. Il me rappelle que le désir peut être tourné vers le passé ou vers l'avenir mais que la satisfaction du désir ne peut être que dans le présent. Je me rappelle à moi-même que je peux changer dans le présent.

Je crois que je vais changer ma question et la formuler ainsi : « Que faut-il que je change en moi dès à présent pour être plus satisfait de ma vie ? »

LES TROIS CONDITIONS QUE DOIT REMPLIR UNE BONNE QUESTION

Une question est *bonne* quand c'est précisément celle que l'on veut poser. De même qu'avec un ordinateur, il faut s'assurer qu'on lui donne les bonnes instructions. Les bonnes questions — celles, je le répète, pour lesquelles nous pouvons générer de l'information utile — doivent remplir trois conditions.

Première condition — La question doit être spécifique, sans ambiguïté, de façon à ce qu'une réponse précise soit possible.

Pour reprendre l'exemple précédent, la question de savoir s'il allait pleuvoir ou non le lendemain, il faut préciser où : « Va-t-il pleuvoir demain, *à Genève* ? »

Deuxième condition — La question doit être simple plutôt que composée. Prenons l'exemple d'une femme qui serait enceinte sans le savoir. Si sa question est : « Vais-je bientôt tomber enceinte et avoir un enfant ? » son intuition lui donnera peut-être une réponse négative puisqu'elle est *déjà* enceinte. L'intuition est troublée par une telle question dont la réponse est négative pour la première partie et positive pour la seconde. (A ce propos, lorsque l'intuition est confrontée à une

Réponse à **l'exercice 6 :** La question à laquelle vous avez répondu avec vos souvenirs était simplement celle-ci : « Quelle est l'essence des questions que je pose ? »

question composée, c'est généralement à la première partie qu'elle répond).

Troisième condition — La question doit concerner directement la réponse que vous voulez avoir. En d'autres termes, sachez ce que vous demandez. Prenons l'exemple d'une femme qui demande : « Vais-je rencontrer l'homme de mes rêves ? » Si l'homme de ses rêves est quelqu'un qu'elle connaît déjà, son intuition peut lui donner une réponse négative. En effet, elle ne va pas rencontrer l'homme de ses rêves puisqu'elle l'a *déjà* rencontré ! Il serait donc plus judicieux de demander : « Est-ce que je connais déjà l'homme de mes rêves ? » ou bien « Quand vais-je rencontrer l'homme de mes rêves ? »

Pour prendre un exemple financier, ne demandez pas si CyberTech est une bonne société si, en réalité, vous voulez savoir si les actions CyberTech sont un bon investissement. Et vous voulez sans doute savoir plus précisément si c'est un bon *investissement* sur le court, le moyen ou le long terme. Un titre peut en effet s'avérer un excellent investissement sur le court terme et un flop sur le long terme.

EXERCICE 7
REVOIR VOS TROIS QUESTIONS

A la lumière de ce que nous venons de dire, revoyez chacune des trois questions que vous avez notées dans votre carnet à l'exercice 2 afin de vous assurer qu'elles correspondent bien aux trois conditions énoncées : spécifiques, simples concernant directement la réponse souhaitée.

Lisez chaque question à voix haute. Même si votre intuition n'a pas besoin de cela, vous vous souviendrez mieux de leur formulation exacte.

Comme nous l'avons recommandé au chapitre 4, pensez à poser des questions concernant des sujets variés et dont vous connaîtrez la réponse d'ici un an ou deux au plus. Le fait de répondre avec succès à vos questions — comme je sais que ce sera le cas — vous donnera davantage de confiance dans le développement de votre intuition.

Si vous voulez d'autres idées de questions utiles à poser, consultez, si vous le souhaitez, le paragraphe « autres questions utiles » au chapitre 25.

Reformulez vos trois questions et notez-les sous l'en-tête exercice 7 dans votre carnet.

Ne vous découragez pas. Avant même de le savoir, vous donnerez votre première interprétation.

UN RAPPEL IMPORTANT

Nous allons passer le reste de ce livre à répondre aux trois questions que vous avez posées dans cet exercice. Relisez attentivement ce chapitre ainsi que le précédent pour vous assurer que vous avez suivi mes instructions à la lettre.

Permettez-moi d'insister car ce serait vraiment dommage que vous consacriez beaucoup de temps à faire des exercices pour découvrir en fin de compte que vous avez répondu à des questions que vous n'aviez pas vraiment l'intention de poser !

L'INTUITION EN ACTION
L'ANECDOTE D'UNE ÉLÈVE

Depuis que j'ai appris à mieux me servir de mon intuition, je suis devenue très consciente que ma vie fonctionne par cycles. Parfois, je concentre mon intuition sur l'amour alors qu'à d'autres périodes ce sera sur l'argent, ma carrière professionnelle ou mes amis.

Il y a neuf ans, quand j'ai commencé à travailler mon intuition, tous mes soucis étaient d'ordre amoureux. Je concentrais donc mon intuition sur toues les informations que je pouvais obtenir sur des relations amoureuses possibles. Au départ, j'ai eu de bons indices sur ce qu'il fallait que je revoie en moi et qui m'empêchait de trouver l'amour.

Un jour, un souvenir s'est mis à revenir sans arrêt dans mon esprit. Au départ, cela n'avait aucun sens. Puis ce souvenir s'est associé à un autre et ces souvenirs se sont arrêtés sur un nom. Je me suis mise à adorer le nom de Kirk parce qu'il me revenait si souvent à l'esprit.

Pou m'amuser, j'ai téléphoné à une vieille copine de lycée. Ce n'est qu'après l'avoir revue plusieurs fois que j'ai rencontré le frère de son mari, Kirk. Je l'ai détesté dès le premier coup d'œil. Cela fait pourtant maintenant cinq ans que nous sommes mariés et heureux ensemble.

Mon mari ne se préoccupait pas de l'intuition et était très sceptique au départ. Pendant la première année de notre mariage, qui fut un peu houleuse, mon intuition me donna beaucoup d'informations justes à propos de Kirk, que ce soit ce qu'il avait mangé au déjeuner ou le fait qu'il ait une pneumonie. Je me suis cependant rendue compte qu'il vivait comme une intrusion le fait que je lui fasse part de mes intuitions à son sujet. Depuis, je ne lui dis mes intuitions que lorsqu'il me pose la question. Il est magistrat et me pose toujours des questions avant un procès, par exemple : « Va-t-il y avoir des surprises à la Cour aujourd'hui ? »

L'intuition m'a donné le sentiment que je maîtrisais mieux ma vie et mes choix. Maintenant, lorsque mon courtier me dit d'acheter telles actions, je note le nom du titre et je pose la question à mon intuition. Puis je demande à mon courtier de me donner des précisions sur cette société. Ensuite seulement, je prends ma décision. J'ai le sentiment que je peux être informée sur des domaines pour lesquels j'étais auparavant totalement dépendante des autres.

- 7 -
FÉLICITATIONS POUR VOTRE PREMIÈRE INTERPRÉTATION

UN SECRET RÉVÉLÉ : VOUS AVEZ DÉJÀ FAIT VOTRE PREMIÈRE INTERPRÉTATION

Vous vous souvenez que dans l'exercice 4, au chapitre 5, je vous ai demandé de répondre à une série de « déclencheurs ». A ce moment-là, c'est délibérément que je ne vous ai pas dit quel était le but de l'exercice.

Eh bien, je vous le dévoile maintenant. Vous avez fait une interprétation en réponse à une question. Bien sûr, vous n'en aviez pas *conscience.* Pour savoir à quelle question vous avez répondu, consultez un peu plus loin la réponse de l'exercice 8.

ATTENDEZ UN PEU !

Vous vous dites peut-être : « Attendez un peu ! Laura est-elle en train de me dire que je viens juste de faire une interprétation intuitive ? »

Eh bien oui !

Je ne veux cependant pas donner l'impression que l'exercice des associations d'idées est la manière dont on fait une interprétation. Car ce n'est pas le cas. De plus, on pourrait dire à juste titre que vos réponses, dans cet exercice, ne constituent pas, en soi, une réponse à la question posée.

Il est vrai que vous devez d'abord traduire vos impressions une par une avant de voir ce qu'elles veulent dire dans leur ensemble. Vous apprendrez à faire cela plus tard. Je peux néanmoins vous assurer qu'une interprétation n'est pas plus difficile que ce que vous avez déjà fait.

En fait, je vais vous demander, sans vous donner d'autres consignes, de trouver un sens à vos réponses. Faites simplement de votre mieux ; nous y reviendrons dans les chapitres suivants.

EXERCICE 8
TROUVER LE SENS DE VOS IMPRESSIONS INTUITIVES

En regardant la liste de vos réponses de l'exercice 4, que remarquez-vous ? Maintenant que vous connaissez la question, (vous pouvez aller la relire dans les pages suivantes), je voudrais que vous justifiiez chacune de vos réponses et que vous découvriez ce qu'elle veut dire. Peut-être que pour certaines réponses, vous allez étendre un peu votre interprétation pour qu'elle corresponde mieux à la question. Ce n'est pas grave.

Comme toujours, enregistrez-vous. Ne vous inquiétez pas si vous parlez avec une certaine maladresse, ceci est votre première interprétation.

Après avoir passé en revue une par une vos réponses intuitives, considérez-les comme un tout. Qu'ont en commun vos différentes impressions ? Quels grands thèmes s'en dégagent ?

Ne vous en tenez pas aux thèmes qui sautent aux yeux ; certains peuvent être plus subtils. Par exemple, vous aurez peut-être une suite de mots comme *total, terrible* et *terrain* qui ont tous des sons en *t*. Cela peut être ou non un indice.

Cette fois-ci encore, enregistrez-vous si possible. Parlez sans vous arrêter car ainsi la pensée raisonnante a moins le temps de faire obstacle au flot de l'inconscient.

Si vous écrivez vos réponses, écrivez également sans vous arrêter, en vous assurant que vous êtes confortablement installé pour le faire.

Regardez les fragments que vous avez reçus de votre inconscient dans l'exercice 4. Notez bien la signification que chaque impression a pour vous. En rassemblant ces informations, essayez d'élaborer une réponse à la question. N'oubliez pas de la noter dans votre carnet.

L'interprétation d'une élève

Au chapitre 5, je vous ai donné la transcription des réponses d'une élève à l'exercice 4. Voici l'interprétation qu'elle a donnée de ses associations intuitives après avoir lu la question de l'exercice 8 qui est donnée ci-après.

> *Jane, c'est mon nom et Zach, celui de mon mari. Je viens de parler à un couple qui sont pour nous des amis proches, habitent Boston et ont deux enfants. Ils m'ont demandé d'être la marraine du plus jeune. Les herbes aromatiques poussent en touffes. Jaune est la couleur du soleil sans lequel rien ne pousse. Peut-être aurai-je un fils. Un enfant est plus précieux qu'un diamant. Le Danube est pour moi synonyme d'amour. La durée d'un an se passe d'explications. Le negro spiritual : l'image du hamac me rappelle un bébé dans le ventre de sa mère. Je pense que je vais probablement avoir un enfant dans l'année.*

N'intellectualisez pas vos réponses. Laissez vos impressions faire remonter d'autres associations d'idées qui donnent du sens à vos réponses.

Pourquoi nous avons procédé ainsi

Si je ne vous ai pas dit à l'exercice 4 que vous alliez faire une interprétation, c'est que beaucoup d'élèves mettent aussitôt en place toutes sortes de barrages : « Je ne sais pas encore faire une

Réponse à **l'exercice 8** : Voici la réponse pour laquelle votre intuition a rassemblé des informations à l'exercice 4 : « En quoi ma vie sera-t-elle différente d'ici un an ? »

interprétation. » « Comment puis-je répondre à une question que je ne connais pas ? »

Ces doutes conscients (et inconscients) gênent le bon fonctionnement du processus intuitif. Il fallait d'abord que vous vous ouvriez à vos impressions intuitives.

Vous remarquerez qu'il n'était pas nécessaire que votre conscient sache ce que vous faisiez intuitivement. Une fois que vous ferez davantage confiance à votre pouvoir intuitif, vous n'aurez plus besoin de court-circuiter votre conscient. Car le but est effectivement de vous donner la maîtrise consciente d'un processus qui était jusqu'à présent pour vous presque exclusivement inconscient.

Dans les chapitres suivants, je vais vous demander de faire d'autres exercices dont l'objectif ne sera pas immédiatement connu. Faites-les simplement du mieux que vous pouvez et soyez confiants que vous les ferez correctement.

- 8 -

Vous savez déjà tout

Un sens oublié

L'intuition est une faculté innée chez les êtres humains, au même titre que la faculté de penser, de parler un langage articulé ou d'apprécier la musique. L'intuition n'est pas un pouvoir qui s'acquiert, elle fait partie intégrante des mécanismes mentaux, émotionnels et métapsychiques de chaque personne.

A chaque instant et en ce moment même, vous recevez des informations par le biais de votre intuition. Vous n'en avez pas conscience, mais vous utilisez votre intuition pour prendre toutes sortes de décisions pratiques : cela va d'une idée pour le repas du soir à l'orientation professionnelle que vous allez choisir ou à la personne que vous allez épouser.

Pour se servir plus efficacement de son intuition, il s'agit d'amener l'information qu'elle vous fournit à un niveau où votre conscient peut l'interpréter. La maîtrise de ce processus inconscient demande du travail et quelques conseils. C'est là mon rôle. Dans un sens, ce livre a pour but de vous faire prendre conscience d'une faculté que vous avez toujours eue et dont vous vous servez déjà.

Vous souvenez-vous de la série télévisée *Kung Fu* ?

Dans un épisode de *Kung Fu*, le jeune David Carradine vient d'être admis dans un temple chinois secret où l'on enseigne l'art du kung-fu. Tandis qu'il balaye la cour, il rencontre l'un des maîtres. Le garçon s'aperçoit avec surprise que cet homme qui se déplace aussi facilement que tout le monde est aveugle.

Le sage lui explique que la cécité n'est pas un handicap aussi grave qu'on pourrait le croire car elle lui a permis de développer ses autres sens. Afin de démontrer ce qu'il voulait dire, il demande au garçon s'il a conscience qu'il y a une minuscule sauterelle à ses pieds, qui sont nus.

Le garçon baisse les yeux vers ses pieds juste au moment où la sauterelle s'éloigne d'un bond. Il se tourne alors vers le maître et lui demande :

— Maître, comment pouvez-vous entendre la sauterelle qui se trouve à vos pieds ?

— Mon garçon, lui répondit le maître, comment peux-tu ne pas l'entendre ?

Lorsque les gens me demandent comment j'ai fait pour devenir à ce point intuitive, je suis parfois tentée de leur répondre de la même manière. C'est bien sûr aussi un peu par facétie, comme le maître de kung-fu, car j'ai bien conscience qu'il ne nous est pas toujours facile ni même naturel de faire des choses « naturelles ».

Je n'ai encore jamais rencontré quelqu'un qui ne soit pas intuitif. Certaines personnes le sont-elles plus que d'autres ? Assurément. Il y a des individus qui sont naturellement plus doués pour le raisonnement intuitif et d'autres pour le raisonnement logique.

Si vous êtes déjà intuitif, pourquoi avez-vous besoin de ce livre ?

Si l'intuition est une faculté innée dont on se sert tout le temps, vous vous interrogez peut-être sur la nécessité de ce livre. Pourquoi, vous demandez-vous peut-être, se créer du travail supplémentaire si nous sommes déjà naturellement intuitifs ? Très bonne question car, croyez-moi, je suis la première à croire au chemin de moindre résistance.

Tout d'abord, peut-être avez-vous jusqu'à présent utilisé votre intuition au petit bonheur la chance. L'efficacité vient en sachant comment avoir accès à l'information intuitive et s'en servir efficacement. Apprendre à comprendre l'information qu'on reçoit intuitivement requiert de la structure, au même titre que la réflexion s'affine grâce au support de la logique. Quels que soient les dons intuitifs innés que vous ayez conservés depuis l'enfance, vous pouvez les développer grâce à la théorie et à la pratique, comme n'importe quelle autre domaine de connaissance. Vous pouvez apprendre à utiliser à volonté cette source illimitée d'informations.

En outre, l'intuition est d'autant plus efficace qu'elle ne flotte pas au milieu des autres éléments de la prise de décision. La même chose s'applique aux émotions et à l'intellect. Si nous savons à quoi nous réagissons et pourquoi, nous sommes en mesure de prendre des décisions rationnelles plus claires. Cela m'étonne toujours qu'on ait tendance à lier l'intuition à l'irrationnel ou à l'« émotivité » puisque la plupart de nos décisions sont déterminées par un amalgame de faits, de sentiments, de pensées et de souvenirs divers et souvent contradictoires.

Enfin, en prenant consciemment en compte nos intuitions, nous pouvons les incorporer délibérément aux autres éléments de nos décisions. Entraîner son intuition permet également de s'entraîner à mieux gérer tant son esprit logique que ses émotions car chaque processus étant identifié comme tel, on l'utilise alors conjointement avec les autres de façon plus efficace.

L'INTUITION EN ACTION
UNE ANECDOTE

C'était il y a bien longtemps. Mon mari et moi cherchions un appartement à New York. Mon père pensait naturellement que je choisirais d'habiter près de chez lui dans Park Avenue. En regardant les pages de l'immobilier dans le New York Times, *j'ai repéré une petite annonce qui me plaisait. Bien que cet appartement soit situé dans un quartier de New York qui ne m'était pas familier, quelque chose m'y attirait et je suis allée le voir. Le voisinage n'était guère agréable mais j'ai néanmoins fait une proposition à très bas prix pour deux appartements contigus.*

A ma grande surprise, ma proposition fut acceptée et j'ai donc acheté ces deux appartements. Il s'avéra que dans les années suivantes ce quartier devint l'un des plus courus de New York.

J'ai découvert par la suite que si mon offre avait été acceptée malgré la somme dérisoire que je proposais, c'est qu'il manquait à cet immeuble l'achat de deux appartements pour obtenir le certificat d'occupation. Et c'est précisément sur ces deux appartements que j'avais fait une offre.

LE MONSTRE EST-IL VRAI ?

Tous les enfants sont réceptifs aux informations intuitives. Mais étant donné que nous vivons dans une société qui nous apprend à nous méfier de tout ce qui n'est pas visible, tangible, logique, « scientifique », la réceptivité que nous connaissons étant enfants diminue au fur et à mesure que nous grandissons. Ce ne fut cependant pas mon cas.

Pour les enfants, toutes leurs perceptions sont réelles. Parce que leur intuition est à l'état brut, non façonnée, ils l'utilisent inconsciemment pour récolter uniquement des informations qui confirment leurs peurs ou leurs souhaits. Ils acceptent ces informations sans se poser de questions car ils n'ont pas conscience que c'est leur intuition qui les leur a fournies. Lorsqu'une ombre sur le mur de leur chambre les fait penser à un monstre, les enfants ne demandent pas : « Est-ce que le monstre est vrai ? » mais : « Va-t-il me faire du mal ? »

Le monstre en question n'est pas non plus une vague invention. Il a une forme et un but : c'est souvent une représentation précise et détaillée du stress ou des menaces que subit l'enfant. Si vous demandez à l'enfant ce qui fera fuir le monstre, vous obtiendrez souvent une métaphore précise et détaillée de la solution. Car l'inconscient de l'enfant sait.

Les adultes sont bien sûr plus « réalistes ». C'est pourquoi, lorsque leurs enfants disent qu'ils ont vu un monstre, ils se moquent gentiment d'eux et de leurs peurs « imaginaires ». Les parents ne réalisent pas que l'inconscient de leur enfant peut très bien avoir représenté une peur abstraite et complexe (comme par exemple la colère rentrée d'un adulte) sous forme d'un symbole que les enfants peuvent intégrer, par exemple un monstre.

Une fois que nous avons atteint l'âge adulte, la plupart d'entre nous savons tout simplement que nous avons peur sans avoir recours aux détails qui expriment cette peur et nous permettent d'y remédier. Nous projetons parfois cette peur sur quelque chose de « réel » comme l'avion ou les relations intimes. Parce que nous avons perdu notre faculté enfantine d'inventer des histoires et de faire semblant, nous nous sommes coupés — et c'est ironique — de notre faculté inconsciente de trouver un sens aux choses alors que grâce à notre maturité intellectuelle nous pourrions mieux en profiter que lorsque nous étions enfants.

C'est donc très tôt dans la vie que nous apprenons à nous méfier de notre intuition. En grandissant, nous apprenons en effet à déterminer si une information est réelle ou pertinente ou objective et à éliminer ce qui n'est pas considéré comme réel selon les critères de notre société. Au fil des années, cette censure mentale devient un processus inconscient, automatique. Étant donné que la plupart des gens ont réprimé leur intuition depuis l'enfance, tout entraînement à l'intuition doit commencer par l'identification des perceptions que l'on s'imagine et de celles qu'on ignore.

APPRENEZ À RECONNAÎTRE VOTRE INTUITION

Il y a une autre raison qui vous empêche de reconnaître votre intuition, c'est qu'elle parle un autre langage. L'intuition est souvent symbolique ou fragmentaire. Ce n'est qu'en de rares occasions qu'elle parle par phrases complètes. Qui plus est, l'information intuitive bien souvent « ne rime à rien » surtout lorsqu'elle concerne l'avenir. C'est pourquoi nous nous entraînons à la rejeter.

Je peux vous citer l'exemple de l'une de mes amies actrices qui, un matin, ne prit pas son café au lait habituel avant le tournage. Ce matin-là, le café au lait lui faisait un effet bizarre et elle a donc décidé de ne pas le boire bien qu'il lui faille généralement deux tasses de café pour démarrer sa journée. Dans l'après-midi, toute l'équipe de tournage fut atteinte de diarrhée à cause du lait servi avec le café. Apparemment il était contaminé. En suivant son intuition et malgré l'absence de raisons objectives de ne pas boire son café au lait habituel, l'actrice avait évité l'infection.

Nous ne sommes jamais purement émotifs ni purement logiques ni purement intuitifs

Il y a également un autre problème : lorsque vous atteignez l'âge adulte, votre intuition est tellement imbriquée dans vos autres processus mentaux que vous ne pouvez plus l'utiliser indépendamment de vos pensées, de vos sentiments, de vos déductions logiques. De même que notre raison peut être obscurcie par nos sentiments, notre intuition peut être entravée par notre esprit rationnel.

Mais que vous en ayez conscience ou non, votre intuition joue un rôle dans chaque décision que vous prenez. C'est généralement dans leurs activités quotidiennes que les gens qui ne sont pas formés à la maîtrise de l'intuition en ont le plus. Ainsi, les médecins se servent instinctivement de leur intuition pour poser un diagnostic et les hommes et femmes d'affaires pour décider du bien-fondé d'un investissement.

Les gens ont également tendance à être intuitifs dans le domaine de leurs préoccupations émotionnelles. Ainsi, une personne qui a peur de perdre son emploi en période de licenciements économiques aura les antennes de son intuition entièrement déployées pour repérer tout signe de danger. De même, l'intuition d'une mère sera très fine pour percevoir tout ce qui concerne son enfant.

Votre intuition fonctionne continuellement, même pour des choses tout à fait matérielles comme la préparation d'un repas. Disons par exemple que vous faites les courses pour le dîner. Soudain, vous pensez aux lychees et les ajoutez à votre liste. Arrive le dessert et votre sœur est ravie :

— Comment as-tu deviné ? dit-elle. Ça fait au moins une semaine que j'ai envie de lychees.

CULTIVER SA PRISE DE CONSCIENCE

Vous vivez et respirez sans y penser. En fait, en tournant les pages de ce livre, votre corps exécute des tâches incroyablement complexes de façon simple, efficace et inconsciente. La respiration fait partie de nos actes et s'effectue, Dieu merci, toute seule pendant que nous nous occupons consciemment d'autre chose.

Cependant, comme le démontrent les grands yogis, acquérir une maîtrise consciente de notre respiration présente de nombreux avantages. En appliquant l'une des nombreuses techniques respiratoires, nous pouvons maîtriser la douleur, améliorer notre concentration, aider notre corps à se détendre et même accélérer un processus de guérison.

De même, en lisant ce livre, vous utilisez sans en avoir conscience un certain nombre de fonctions mentales complexes. Examinons-en une : votre mémoire. Lorsque votre œil rencontre un mot sur la page, il le compare instantanément aux dizaines de milliers de mots stockés dans votre mémoire. Votre mémoire ramène alors au niveau du conscient non seulement ce mot mais les images et associations d'idées qui s'y rattachent.

Votre intuition fonctionne à peu près de la même manière. Elle apporte continuellement des informations à votre conscient bien que d'une façon générale vous n'en ayez pas conscience.

La clef du développement de votre intuition n'est en rien un mystère. Il s'agit simplement d'apprendre où et comment fixer votre attention.

- 9 -

Orienter son attention pour débloquer son intuition

Rapidement, sans réfléchir, que ressentez-vous ?

Parce que nous sommes des créatures de plus en plus coupées de notre environnement par la haute technologie, nous avons perdu contact avec nos sens et notre intuition. Parce qu'également nous sommes continuellement bombardés de stimuli extérieurs, nous avons appris à trier et à éliminer la plupart des informations que nous recevons. Nous ne pouvons pas non plus échapper à l'influence de notre société qui définit, par son langage et ses conventions, ce qui est accepté comme « réel ».

Commençons donc par réapprivoiser nos sens. En lisant ce livre, quelles impressions recevez-vous par votre sens du toucher ? Peut-être avez-vous conscience du poids du livre ? Peut-être avez-vous conscience de votre poids en position assise ?

Quelles impressions recevez-vous par votre sens de la vue ? Par votre sens de l'odorat ? Par votre sens de l'ouïe ?

N'oublions pas non plus vos sensations intérieures telles que vos pensées et vos sentiments, vos humeurs et vos souvenirs. Toutes ces sensations vous traversent mais, à chaque instant, vous n'avez conscience que de quelques unes d'entre elles.

Pour apprendre à exercer votre intuition, pour en faire un outil pratique, votre but n'est pas de prendre conscience de *tout* mais plutôt d'affiner votre sensibilité à ce que vous ressentez afin de reléguer consciemment et délibérément ces sensations à l'arrière-plan. Ainsi, une fois que ces « bruits » familiers s'estompent, vous pouvez utiliser vos sens pour capter des informations intuitives.

RENDRE SIMPLEMENT COMPTE DE VOS SENSATIONS PEUT S'AVÉRER PLUS DIFFICILE QUE ÇA EN A L'AIR

Étant donné que votre but ultime est de rassembler et de noter des informations intuitives, vous devez prendre note de vos sensations au moment *où vous en faites l'expérience.* Ceci implique que vous deviez développer la faculté de parler ou d'écrire de façon ininterrompue tandis que vous recevez vos impressions. L'exercice suivant va vous permettre de vous y essayer.

EXERCICE 9
DEVENIR UN MIROIR

Cet exercice consiste tout simplement à exprimer à voix haute vos sensations, vos sentiments, vos pensées.

Je le répète, si vous n'avez pas de magnétophone, demandez à un (e) amie (e) de noter ce que vous dites à voix haute. Si vous prenez vous-même vos notes par écrit, écrivez en abrégé afin d'avoir le temps de suivre le cours de vos pensées.

Puisqu'il s'agit pour vous de prendre conscience de votre intuition dans vos activités quotidiennes, soyez naturel. Vous pouvez faire cet exercice assis ou couché. Quand vous serez prêt, respirez profondément deux ou trois fois.

Pour commencer, dites simplement ce que vous ressentez dans l'instant. Si vous entendez une voiture klaxonner, dites-le. Si vous avez le nez qui vous chatouille, dites-le (et sentez-vous libre de le gratter). Si vous avez faim, dites-le.

Ce qui vous est demandé ici, c'est d'exprimer à voix haute tout ce que vous remarquez. N'oubliez pas de parler de vos pensées, de vos sentiments ou de souvenirs dont vous auriez soudain conscience.

— Si vous vous souvenez d'une facture que vous avez oublié de payer, dites-le.
— Si un slogan publicitaire vous trotte dans la tête, dites-le.
— Si vous avez le sentiment que vous « n'arrivez à rien », dites-le.
— Si vous pensez que cet exercice est idiot, dites-le.

En faisant cet exercice, vous serez sûrement tenté d'écarter des sensations qui vous semblent bêtes ou confuses. Et plus particulièrement, vous essaierez d'écarter les impressions « qui n'ont ni queue ni tête. »

Résistez à ces tentations. Efforcez-vous de parler ou d'écrire sans vous arrêter. Cela vous obligera à rendre compte de vos sensations avec précision, sans que votre conscient censure ou fasse ingérence.

Souvenez-vous que vous ne devez pas avoir des images, des impressions ou des sensations particulières. Ce qui vous gêne peut très bien s'avérer être une information utile.

Arrêtez-vous après quelques minutes ou quand le flot de vos impressions s'arrête naturellement.

Enfin, si vous vous sentez bloqué, respirez profondément et concentrez-vous sur une pensée ou sur l'un de vos cinq sens. Laissez-vous ainsi conduire vers une autre pensée ou une autre sensation, etc. N'oubliez pas de noter tout cela dans votre carnet d'intuition.

Commencez à parler dès que possible et parlez sans vous arrêter

Il est important de commencer à parler le plus rapidement possible pour répondre à une question. Si vous ralentissez ou si vous vous interrompez, votre esprit raisonnant va entraver le flot d'images intuitives. Ne vous préoccupez pas de votre correction grammaticale ou de l'éventuel manque de sens de ce que vous dites. Continuez à parler même si vous perdez le fil de vos impressions. Faites confiance à votre intuition qui sait où elle va.

L'INTUITION EN ACTION
UNE ANECDOTE PERSONNELLE

Une cliente était venue me voir à propos de sa sclérose en plaques. La maladie avait gravement atteint ses muscles et l'obligeait à passer le plus clair de son temps en fauteuil roulant.

Tandis que je regardais son corps, l'image d'un western que j'avais vu la veille au soir me revenait constamment à l'esprit et plus particulièrement les éperons que portait le héros du film. Je m'efforçais de chasser cette image de mon esprit, convaincue qu'il s'agissait d'une interférence qui gênait mon intuition.

J'eus cependant la bonne idée de parler de cette « interférence » à ma cliente qui en parla à son tour à son médecin. Cette image « éperonna » le médecin qui eut l'idée d'examiner les talons de cette femme. Il découvrit qu'elle avait des excroissances osseuses à cet endroit. Il les traita et lui permit ainsi de mieux marcher et d'avoir moins souvent besoin de son fauteuil roulant.

LA RÉPONSE D'UN ÉLÈVE

Afin que vous ayez un élément de comparaison avec vos réponses, voici celles d'un de mes élèves. Il s'agit d'un homme d'une quarantaine d'années. Il avait choisi de faire cet exercice les yeux fermés (c'était son choix, vous pouvez faire différemment) et d'utiliser un magnétophone. Ce qui suit est donc une transcription mot pour mot de deux minutes d'exercice. Il a parlé sans s'arrêter sauf pour de brèves pauses (marquées par des points de suspension) où il reprenait sa respiration.

> *J'ai conscience de ma respiration, du bruit de mes expirations, des mouvements de ma poitrine... j'ai la joue gauche qui me chatouille... il faudrait que je me rase... j'ai l'impression d'avoir le dos droit... il fait froid dans la pièce... j'ai encore le goût du café dans la bouche... j'entends le*

bruit du ventilateur de mon ordinateur… je me sens un peux raide, il faudrait que je fasse de l'exercice… je me demande si je fais cet exercice correctement… il y a une voiture dehors… j'ai faim… j'ai le nez qui me chatouille… je me demande à quoi sont dus ces traits de lumière brillante que j'ai dans les yeux, c'est comme un kaléidoscope… je sens mon poids sur mon siège… ai-je déjà dit que j'avais faim ? je ne comprends pas à quoi sert cet exercice… je sens mon coude droit… est-ce que j'ai parlé assez longtemps ? ça me fait penser à un examen médical… avec le stéthoscope froid… pourquoi est-ce que je n'entends pas les battements de mon cœur ? j'entends le tic-tac de la pendule qui est au mur…

Un exercice d'une grande utilité

Rendre compte de vos impressions sans les censurer est un exercice d'une très grande utilité. C'est pourquoi il est peut-être bon que vous le fassiez pendant plusieurs jours avant de continuer. Inutile de le prévoir dans votre emploi du temps. Faites cet exercice quand vous avez une minute dans la journée.

- 10 -

Il n'y a pas de coïncidences

Pourquoi vous remarquez telle chose plutôt qu'une autre ?

Au chapitre précédent, vous avez commencé à prendre davantage conscience de votre environnement. Le but n'était pas de prendre conscience de tout, ce qui est impossible, mais simplement de prendre conscience que vous remarquez telle chose plutôt qu'une autre.

Chacun d'entre nous remarque des choses complètement différentes. Pourquoi remarquez vous telle chose alors que je vais en remarquer une autre ? La plupart des gens répondent à cette question en disant que cela est dû au hasard, c'est-à-dire que c'est simplement par hasard qu'ils remarquent une chose plutôt qu'une autre. Voici les commentaires d'un élève :

> *Moi ? Eh bien je remarque simplement ce qui me tombe sous les yeux. Certaines choses attirent mon attention. Tantôt c'est la vue, tantôt c'est un bruit qui va attirer mon attention mais je ne crois pas que cela corresponde à un schéma particulier. Je remarque ce que je remarque, c'est tout. Ça ne veut rien dire.*

Je pense que vous serez d'accord pour dire que c'est ce que pensent la plupart des gens. Et la plupart des gens se trompent complètement à ce sujet.

Et s'il y avait une raison pour que vous remarquiez une chose plutôt qu'une autre.

Avez-vous l'esprit ouvert ?

Nous en arrivons maintenant à ce qui, pour la plupart de mes élèves, est l'aspect le plus incroyable de l'intuition. Tenez-vous bien car je suis sur le point de vous exposer un principe qui va changer vos perceptions et peut-être même vous obliger à revoir radicalement vos idées sur l'expérience et la réalité.

Tout ce que vous percevez — c'est-à-dire tout ce que vous sentez, ressentez, dont vous rêvez, dont vous vous souvenez, dont vous avez l'intuition, en bref tout ce que vous remarquez — a un sens. Tout.

Donnez-vous quelques instants pour intégrer cela. Si cela ne vous fait pas trembler, c'est que vous n'en avez pas mesuré toutes les implications. Explorons donc les implications de ce principe.

Tout est signe

Si vous remarquez que vous avez le nez qui vous chatouille, cela veut dire quelque chose. Si vous remarquez votre teint, cela a un sens. Si vous prenez conscience que vous remarquez quelque chose en lisant ces lignes, cela aussi veut dire quelque chose.

Rien n'est dû au hasard. Tout ce que vous remarquez a un sens. En d'autres termes, il n'y a pas de coïncidences.

Plus on réfléchit à cela et plus on en est étonné. Tout peut être interprété. Il n'y a rien dans la vie qui n'ait pas de sens. Lorsque j'avance aveuglément dans la vie, je me rends compte que l'énergie que je rencontre a une certaine orientation. Je structure également, consciemment ou inconsciemment, une grande partie de mon expérience du monde. Consciemment, je projette un rendez-vous avec mon père ; je l'appelle et lui dis : « Il faut qu'on se voie. » Inconsciemment, pour une raison quelconque, je projette une bagarre avec mon meilleur ami.

Chaque instant — passé, présent et à venir — a une signification. Chaque signe, chaque acte, chaque fait, chaque chose que nous remarquons peut être relié au passé et est remarqué dans le présent à travers le filtre que nous utilisons à ce moment-là. Et tout ce que nous remarquons a une application et une signification dans l'avenir. Voici un exercice qui va vous aider à appliquer utilement ce principe dans votre vie de tous les jours.

EXERCICE 10
QUE REMARQUEZ-VOUS ?

1ÈRE PARTIE

Dans un instant, je vais vous demander de lever les yeux de cette page et de regarder autour de vous. Mais pas tout de suite. Lorsque je vous demanderai de le faire, je veux que vous preniez la première chose sur laquelle se pose votre regard et que vous la décriviez en détail. Faites comme si ce que vous voyez vous évoquait des images, des sentiments ou même une histoire et notez les impressions et l'information que vous recevez.

Il n'y a pas de manière particulière, bonne ou mauvaise, de faire cet exercice. Que cette information soit la description de la réponse à la question que vous trouverez dans les pages suivantes.

Bien. Maintenant levez les yeux de cette page. Décrivez la première chose que vous voyez et laissez votre description être la réponse à la question de cet exercice. Notez vos impressions en détail.

2ÈME PARTIE

Regardez ce que vous avez noté. Vos impressions sont-elles positives ou négatives ? Avez-vous eu un sentiment de plutôt oui ou plutôt non ? Ce que vous percevez (sentez, voyez, goûtez, ressentez, imaginez) s'oriente-t-il vers le plus positif ou le plus négatif ? Quels autres indices votre intuition vous a-t-elle fournis ?

Reportez vos impressions dans votre carnet, sous l'en-tête exercice 10.

La réponse d'un élève

Voici ce qu'a noté un élève :

> *Je remarque une boîte aux lettres en fer, pleine de courrier, avec un cochon peint dessus. Le cochon broute l'herbe et a l'air heureux. Le cochon s'éloigne de la boîte, car il a beaucoup de choses à faire. Un loup observe le cochon mais une barrière les sépare. Le bruit de la climatisation me dérange. Le cochon continue à brouter calmement car il sait que le loup ne peut pas franchir la barrière qui les sépare. Le cochon n'a pas besoin d'aller sur le territoire du loup. Le loup, à force de regarder en vain le cochon de l'autre côté de la barrière, finit par mourir de faim.*

Et voici comment il a interprété ses impressions après avoir ouvert l'enveloppe qui contenait la question : « Vais-je être obligé de vendre ma société à un prix inacceptable ? »

> *La boîte aux lettres pleine de courrier pourrait être ma société et toutes les difficultés qu'elle a connues récemment. Le loup, c'est l'acheteur éventuel qui attend que nos difficultés fassent baisser le prix de la société. Le fait que le cochon s'éloigne et que le loup ne puisse pas franchir la barrière m'indiquent que les difficultés seront résolues et que le « loup » ne nous mangera pas. En fin de compte, le loup meurt parce qu'il n'a pas obtenu ce qu'il voulait. La réponse ici est clairement non.*

Toutes vos images vous disent quelque chose. Traduisez les métaphores en informations utiles. N'intellectualisez pas trop le processus. Comme dans le cas d'une allégorie, laissez les images et les métaphores vous raconter l'histoire.

Pourquoi nous ne remarquons pas davantage de choses

Vous vous demandez peut-être comment votre esprit gère toutes ces informations sans tomber dans la confusion ou la folie. Mais, à moins que vous ne preniez des drogues psychotoniques ou que vous ayez une personnalité très instable, votre subconscient

Réponse à **l'exercice 10 :** vous répondiez à votre 1ère question.

ne va pas laisser votre conscient être submergé. Dans toute la masse d'informations qui nous entourent, votre subconscient vous indique ce que vous devez remarquer. Il sait ce qui est important pour vous : il sélectionne les informations et les rassemble en un tout cohérent.

NOUS RECEVONS SANS ARRÊT DES SIGNES, ET DE MILLE MANIÈRES

Nous sommes sans arrêt assaillis par mille choses. Mais, dans notre culture, nous apprenons à ne pas les remarquer. Lorsque nous avons une pensée, nous ne nous autorisons pas à passer à l'étape suivante pour la rendre tangible. Il faudrait presque consacrer des moments particuliers à cela. Vous pourriez par exemple vous dire au cours d'une méditation : « Bon, entre 10h30 et 11h ce matin, je vais faire attention à tout ce qui me traverse l'esprit. » A ce moment-là, vous pourriez isoler cette pensée, la contempler et vous demander : « Est-ce que ceci peut m'être utile ? »

Pour moi qui suis une personne pratique, la méditation me pose un problème : elle a tendance à ne pas être suffisamment terre à terre. Je veux des informations dont je puisse me servir. En sélectionnant ce que vous remarquez, vous créez de l'information. Mais si vous vous bornez à simplement remarquer sans matérialiser les choses, l'information reste d'une certaine manière inconsciente et donc inutile.

Tandis que j'écris ces lignes, je regarde un livre sur mon étagère. Si je regarde ce livre plutôt qu'autre chose, il y a une raison à cela. Le nom de Diane me vient soudain à l'esprit. Peut-être rencontrerai-je quelqu'un qui s'appelle Diane après-demain. Peut-être que la maîtresse d'école de mon fils l'année prochaine s'appellera Diane. Si je laisse le titre de chaque livre que je vois sur mon étagère m'indiquer le nom de quelqu'un que je vais rencontrer, cela finira par se produire. Car mon inconscient va choisir les noms qui correspondent à des gens que je vais rencontrer ou à qui j'aurai affaire d'une façon ou d'une autre.

Nous faisons cela instinctivement avec les signes auxquels nous croyons. Nous pouvons également choisir de le faire d'une autre manière. On peut se dire par exemple : « Bon. Chaque chiffre que je vais voir sera un numéro gagnant à la loterie. » Moi je ne suis pas encore assez au point pour faire cela — sinon je serais millionnaire — mais je suis sûre que c'est possible.

L'intuition accroît notre champ de conscience

Nous avons parlé de la signification de ce que nous remarquons dans le monde qui nous entoure. Lorsqu'on parle de prise de conscience, la plupart des gens pensent à quelque chose de fixe, qui concerne notre environnement immédiat.

Ceci est une idée erronée. L'intuition peut accroître notre conscience de façon illimitée. Avec l'intuition, vous pouvez « projeter » votre conscience en n'importe quel lieu et en n'importe quelle période de temps. Les bébés naissent avec une conscience illimitée car ils ne sont pas séparés du monde qui les entoure. Le résultat, c'est que les données qu'ils reçoivent n'ont pas de forme. Ces bribes de données ne sont pas de l'information et encore moins de l'information qui peut avoir un usage pratique. Notre but ici est de nous servir de notre intuition pour avoir des informations utiles.

Tout se résume à ce que nous choisissons de remarquer

Je pense que tous les choix que nous faisons — même celui d'emprunter telle rue plutôt qu'une autre — correspondent à un choix sur ce que nous allons rencontrer. Nous décidons aussi de ce que nous remarquons. Dans la rue, il y a des personnes qui vont remarquer les gens bien habillés et d'autres qui vont avoir le regard attiré par les poubelles. Ce sont en général des choix inconscients. Mais là où nous pouvons véritablement nous servir de notre conscient, c'est pour bien prendre note des choix que nous faisons. Si nous nous apercevons que nous ne remarquons que les choses négatives, nous pouvons prendre note de cette préoccupation et nous entraîner à remarquer les bonnes choses.

VOUS PARTICIPEZ ACTIVEMENT À LA CRÉATION DE VOTRE RÉALITÉ

En un sens, nous sommes toujours en train de créer quelque chose. Si nous ne pouvons certes pas agir sur les signes qui vont croiser notre chemin, nous pouvons décider de ce qu'ils vont signifier pour nous. Pour revenir à l'exemple de tout à l'heure, je peux décider d'une certaine manière de remarquer le mot *Diane* dans tout ce que je vois. Mais le but de l'exercice devient alors de remarquer ce mot. Si je veux en revanche que quelque chose me soit prédit, le but de l'exercice sera alors de donner les instructions nécessaires à mon inconscient pour qu'il choisisse les indices qui se rapportent à l'avenir.

SE LAISSER DU TEMPS

Ceci est un livre pratique plutôt qu'un livre théorique mais ce chapitre est important pour vous aider à faire confiance à votre intuition. Si vous ne vous sentez pas encore prêt à lui faire confiance, peut-être serait-il bon que vous consacriez un peu de temps à réfléchir aux idées que je vous ai exposées. Au chapitre 30, nous allons explorer plus en détail quelques unes des implications profondes que l'intuition a dans notre compréhension de nous-mêmes et du monde.

NE ME CROYEZ PAS SUR PAROLE

Tout — absolument tout — ce que vous remarquez autour de vous a une signification. En d'autres termes, si vous remarquez telle chose et non tout le reste, il y a une raison à cela. L'astuce, c'est de savoir à quelle question répond l'information.

De nombreuses personnes éprouvent beaucoup de difficultés à accepter que tout ce qu'elles remarquent a une signification. Si cette idée vous pose des problèmes, commencez par faire comme si tout était signe et cherchez-en la signification. En disant cela, je réalise que beaucoup de gens on du mal à faire comme si, à faire semblant. Au chapitre suivant, nous allons donc pratiquer ce qui était autrefois pour vous un jeu d'enfants.

- 11 -

RÉAPPRENDRE À FAIRE SEMBLANT

L'INTUITION EST LITTÉRALEMENT UN JEU D'ENFANTS

Apprendre à accepter vos impressions extrasensorielles est une étape importante dans le développement de l'utilisation consciente de votre intuition. Se fier à son intuition implique de travailler sans filet, sans la sécurité de la logique, du bon sens et de l'expérience sensorielle. Je ne dis pas que c'est facile mais vous pouvez y arriver en faisant semblant. En effet, si vous prétendez que tout a une signification et que vous cherchez une application à cette signification, vous filtrez ce qui a du sens et ce qui n'en a pas afin d'identifier ce qui vous fait signe.

La première étape est de prétendre que le fait que je regarde cette bouteille de Perrier qui est posée sur mon bureau à côté de mon ordinateur a une signification. Ensuite, soit j'en trouve la signification ou bien, en tant qu'intuitive, je la laisse venir à moi. Je ne m'inquiète pas si, de prime abord, ça ne veut rien dire, car c'est souvent le cas des symboles.

Le problème, c'est que nous utilisons les mêmes critères pour interpréter les symboles et l'information intuitive que pour voir comment un virus répond à une molécule dans un laboratoire. Et on ne peut pas faire cela. L'information intuitive ne peut pas être reproduite dans un environnement contrôlé, pas plus que les rêves ne peuvent se répéter nuit après nuit avec des détails identiques. Mais cela ne veut pas dire que les rêves ne fournissent pas de l'information et une information qui répète régulièrement le même message. Vous pouvez très bien faire un rêve qui, au moment où vous rêvez, n'a aucun sens pour vous. Mais si vous y repensez plus tard, sa signification peut vous apparaître.

Je le répète, ce qui est important, c'est de choisir ce qui a du sens pour vous dans votre environnement. Vous pouvez vous dire par exemple que, cette semaine, votre symbole sera les fleurs que vous voyez. Ainsi, vous noterez par exemple que vous avez remarqué des fleurs roses dans telle rue et une fleur jaune dans telle autre.

Le fait que deux personnes remarquent la même chose peut avoir deux significations. Le fait de voir un chat par exemple, ne veut pas dire la même chose pour tout le monde. Selon les régions et les pays, la vue d'un chat noir peut être signe de chance ou de malchance.

Il faut que vous laissiez le sens des symboles venir à vous et cela peut prendre du temps. Cela requiert également d'avoir un esprit ouvert, même si au départ vous êtes obligé de faire comme si les symboles avaient un sens. Si vous laissez les choses avoir sens, elles en auront.

EXERCICE 11
LA COULEUR DE VOTRE CHEMISE

Prétendez que la couleur de la chemise, du chemisier ou du pull-over que vous portez est la réponse à la question de cet exercice.

Décrivez la couleur, tous les souvenirs qui y sont associés, dites ce que cette couleur signifie pour vous en ce moment et comment votre perception de cette couleur a changé au cours de l'exercice. Notez tout cela dans votre carnet puis allez lire la question à la fin du chapitre. Justifiez votre réponse.

LA RÉPONSE D'UN ÉLÈVE

Voici la réponse d'une jeune femme :

> *A mi-chemin entre le vert bouteille et le bleu ciel. Un souvenir d'enfance me revient en mémoire : j'étais couchée dans l'herbe dans le jardin de ma grand-mère et je regardais le bleu du ciel au-dessus de moi et je rêvais que tous mes souhaits pouvaient se réaliser. Ils arrivaient par derrière le rosier que je voyais en me redressant. Le bleu, c'était également la couleur du ciel que je voyais par ma fenêtre, au-dessus d'un gros bâtiment orange qui me bouchait la vue sur la ville. Je me souviens du contraste entre le bleu du ciel et le marron orangé de ma chambre. Ce marron orangé me rassurait mais, en même temps, je m'en sentais prisonnière et j'avais envie de la liberté du bleu.*
>
> *Je remarque maintenant le vert. Il me fait penser aux morceaux de verre polis rejetés par la mer. Quand j'étais petite, j'adorais ramasser sur la plage les morceaux de verre tout lisses. L'histoire de ce qui avait été au départ un tesson de bouteille pour devenir ce petit galet de verre doux et lisse me fascinait.*
>
> *Maintenant, la couleur de mon chemisier me semble calme mais agréable. Je remarque davantage l'intensité de la couleur qu'au début de l'exercice.*

Ces impressions intuitives sont empreintes d'un puissant sentiment d'espoir et de nostalgie. Je dirais que le fait de développer son intuition aidera très certainement cette femme à retrouver ce qu'elle a perdu de son enfance.

L'INTUITION EN ACTION
L'ANECDOTE D'UNE ÉLÈVE

J'étais chargée d'un bébé prématuré, né à sept mois. Il était minuscule et pesait 1,2 kg. Deux jours après sa naissance, le bébé eut besoin de plus d'oxygène au lieu du contraire comme nous l'avions pensé. Son besoin en oxygène ne cessa d'augmen-

Réponse à **l'exercice 11 :** la question à laquelle vous avez répondu était : « En quoi le travail que je fais avec ce livre me changera-t-il ? »

ter et le personnel de la maternité s'interrogeait sur l'état alarmant de ce bébé.

J'ai senti, physiquement, qu'il fallait au bébé un tube à oxygène plus gros. Comme l'état du prématuré continuait à s'aggraver, j'ai dit au réanimateur ce que j'avais pensé. Il me répondit qu'un tube plus gros risquait de traumatiser encore davantage les poumons du bébé et que ce risque était trop important par rapport aux faibles chances que j'aie raison. Mais mon pressentiment a duré et j'ai continué à insister auprès du réanimateur. Le cinquième jour, comme tout le monde pensait que le nouveau-né n'allait de toute façon pas s'en sortir, on a changé le tube à oxygène et le bébé s'en est immédiatement mieux porté.

Nous avons eu un autre prématuré qui, à deux kilos, faisait un poids correct (nous voyons dans notre service des prématurés qui pèsent une livre). A cause de sa pneumopathie, il avait besoin d'oxygène. Comme son besoin en oxygène persista, nous avons commencé à nous inquiéter car ce n'était pas normal pour un bébé de sa taille et de sa maturité.

Un jour, je fus chargée de m'occuper de ce nouveau-né. Cette nuit-là, j'ai rêvé que le bébé avait le cœur brisé. Dans mon rêve, je lui disais : « Tu es bête, ce n'est pas ton cœur qui est malade, ce sont tes poumons. » Lorsque je me suis réveillée le lendemain matin, ce rêve était toujours très présent dans mon esprit.

Ce jour-là, on me confia un autre bébé. Mon rêve me fit réaliser que le bébé de la veille n'avait pas d'infirmière attitrée. J'en ai parlé à mes collègues et nous avons décidé que ce serait toujours les mêmes infirmières qui s'occuperaient de ce nourrisson afin qu'il se sente aimé. Lorsque cela fut mis en place, la guérison du bébé fut très rapide et les infirmières qui s'occupaient de lui l'adoraient.

Lorsque ses parents vinrent le chercher pour le ramener à la maison, le père s'excusa de ne pas nous avoir apporté de cadeaux. Il nous expliqua qu'ils étaient vraiment à court d'argent car il avait fait une crise cardiaque pendant que sa femme était enceinte. Il avait trente-quatre ans et venait de perdre sa place de chauffeur routier. Ils avaient déjà un enfant et avaient envisagé de ne pas garder celui-là. Mais ils avaient décidé de ne pas tenir compte des difficultés financières et de garder l'enfant.

Lorsque j'ai entendu ce père me raconter son histoire, j'ai eu la chair de poule en repensant à mon rêve du bébé au cœur brisé.

POURQUOI LES ENFANTS FONT SEMBLANT

Les enfants n'ont aucun problème à faire semblant. Ils ne savent que peu de choses du monde qui les entoure et jouent à faire comme si à titre expérimental. Ils n'ont aucun problème pour inventer des histoires et adorent faire semblant.

Mon fils de trois ans est sûr que pour être un homme il faut avoir une épée et tuer tous les méchants. Dans sa cuisine imaginaire, il prépare des mets succulents pour sa collection de serpents. Il va épouser Fay Wray (qui a conquis King Kong), Thumbelina, Barry, une fille que nous avons rencontrée et qui a un énorme dragon tatoué dans le dos, ainsi que moi bien entendu. Toutes ces idées, qui sont tout à fait concrètes pour lui aujourd'hui, vont changer quand il grandira et aura davantage d'informations sur le monde extérieur.

En grandissant et en « mûrissant », beaucoup de gens perdent leur capacité à faire semblant à cause de la pression socioculturelle qui nous pousse à être logiques et rationnels. Dès leur plus jeune âge d'ailleurs, on décourage les enfants d'inventer des choses. En outre, notre créativité est étouffée par la technologie moderne — publicité, vidéo, télévision — qui fournit à notre cerveau, sans qu'il ait à en faire l'effort, la part de rêve et de distraction dont il a besoin.

Tout ceci est bien dommage car le fait de faire semblant a une fonction d'une grande utilité. Dans un jeu sportif ou ludique, par exemple, nous faisons comme s'il était important de mettre le ballon dans le but de l'équipe adverse ou de prendre le roi de notre adversaire. Faire semblant est également très utile dans le processus d'apprentissage. Avant de maîtriser quelque chose, on commence par faire comme si nous avions déjà appris cette technique. Lorsqu'on apprend une langue étrangère, par exemple, nous essayons d'imiter, nous faisons comme si nous étions un locuteur natif.

Même la science est basée sur le « faire comme si » pour mettre au point des expériences et élaborer des théories. Et le « faire comme si » de la science permet aux chercheurs de comprendre et même de façonner la réalité.

Enfin, il est important de souligner que faire semblant est l'étape qui précède souvent la foi. En fait, faire semblant engendre souvent la foi et, avant même que nous nous en soyons rendu compte, nous n'avons plus besoin de faire semblant.

L'information intuitive n'a souvent aucun sens, nous devons donc prétendre qu'elle en a

Tant que nous voudrons absolument que notre expérience du monde ait un sens, nous nous priverons de données intuitives importantes. En nous demandant toujours d'être « réalistes », notre société nous coupe d'une large part de la réalité. Je me permets d'insister, faire semblant, faire comme si, être capable d'inventer des choses est une faculté primordiale pour apprendre à maîtriser son intuition.

L'exercice 12 va vous aider à retrouver cette partie de vous-même que vous aviez peut-être oubliée depuis votre enfance. Comme d'habitude, vous aurez besoin d'un crayon, de votre carnet et d'un magnétophone.

Faites-vous confiance

Votre interprétation de cet exercice est un prolongement naturel de l'exercice 11. Je vous dirai plus loin ce qu'il faut faire mais je veux d'abord vous donner quelques consignes afin de ne pas gêner le flot de votre interprétation une fois que vous aurez commencé.

Lisez une fois ou deux les points suivants. Puis n'y pensez plus. Faites confiance à votre inconscient : il retiendra ce qui vous est nécessaire pour cet exercice. Vous n'avez en aucun cas besoin de mémoriser cette liste : nous reviendrons souvent sur ces points au cours des chapitres suivants.

— **Donner une interprétation, ce n'est pas passer un examen. Ne vous inquiétez donc pas de savoir si vos impressions sont « bonnes » ou « mauvaises ».** Quand ils pensent à l'intuition, la plupart des gens pensent s'en servir pour obtenir d'emblée « la réponse juste ». Rappelez-vous donc que l'intuition est une collecte d'informations visant à vous aider à obtenir une version plus ou moins précise de « la vérité ».

— **Faites confiance à votre intuition.** N'essayez pas de « deviner » la question. Autorisez-vous simplement à prendre conscience des images, des symboles, des impressions qu'une question suggère à votre intuition.

— **Les impressions que vous recevez n'ont pas besoin de vouloir dire quelque chose pour vous**. Il n'est pas nécessaire non plus qu'elles soient cohérentes ; elles peuvent même sembler contradictoires. Ceci est normal, surtout si vous répondez à une question au sujet de laquelle vous ne savez rien ou pas grand-chose. Souvenez-vous que quand quelqu'un vous pose une question, vous n'y connaissez parfois rien à ce sujet. En outre, vous percevez parfois des choses qui émanent des symboles personnels de votre interlocuteur. Soyez donc attentif à bien noter les informations que vous recevez plutôt qu'à les juger.

— **L'intuition est un sens naturel, vous n'êtes donc pas obligé d'essayer de recevoir des impressions.** C'est quelque chose qui se fait tout seul. Vous ne pouvez pas arrêter votre intuition davantage que vous pouvez cesser d'entendre les bruits qui vous entourent. Autorisez-vous simplement à accueillir vos impressions.

— **L'idée, c'est de se tromper !** Si vous n'êtes pas prêt à vous tromper, vous ne trouverez pas le chemin de votre intuition. Plus vous vous exercerez et plus vous réaliserez que votre intuition ne se trompe pas. Ce qui ne veut pas dire que vous ne vous tromperez pas dans l'interprétation de l'information intuitive que vous recevez.

— **Pour résumer, notez tout, même les impressions qui vous semblent être des interférences.**

— **Si vous avez le sentiment que vous n'obtenez aucune réponse intuitive, inventez-en une !** Je ne plaisante pas. Vous serez étonné de voir à quel point vos suppositions sont justes.

EXERCICE 12
LA POMME

Tandis que vous lisez ces lignes, je veux que vous laissiez une pomme apparaître au milieu de la page que vous avez sous les yeux. Sans effort. Vous n'avez rien à faire. Laissez simplement l'image apparaître. Si une autre image apparaît, faites comme si vous voyiez une pomme. Inventez une pomme !

Prenez conscience du moment où vous voyez apparaître la pomme. Prenez conscience de son odeur. La présence de la pomme sur la page alourdit-elle le livre que vous tenez entre les mains ? Quelle couleur a-t-elle ? Quelle taille a-t-elle ?

Maintenant, laissez une autre pomme apparaître à côté de la première. Je le répète, si vous n'arrivez pas à visualiser vos pommes, faites semblant d'y arriver quand même. Inventez vos pommes.

Voyez maintenant quelle est la plus grosse des deux pommes, la première ou la deuxième ?

Une fois que vous aurez trouvé si c'est la première ou la deuxième pomme qui est la plus grosse, reportez-vous à la fin du chapitre pour découvrir à quelle question vous venez de répondre. Notez tout cela dans votre carnet.

LA RÉPONSE D'UN ÉLÈVE

Comme d'habitude, ne poursuivez pas votre lecture avant d'avoir fait l'exercice. La réponse de cet élève va révéler la question :

Je vois une petite pomme jaune avec des taches noires. Ces taches ne sont pas des imperfections, d'une certaine manière, elles ont du charme. Je ne perçois pas l'odeur de la pomme mais son contact au creux de ma main m'est agréable. La pomme est légère mais précieuse. Par instants, elle se ratatine puis retrouve sa beauté première sans effort d'imagination.

Ma deuxième pomme est grosse, rouge, resplendissante. Son parfum me rappelle celui des pommiers en fleur. Son éclat me réjouit. Je me sens bien.

L'interprétation de cet élève

Je ne pense pas que mes impressions nécessitent beaucoup d'explications. J'étais surpris d'avoir en premier lieu une pomme jaune « légère mais précieuse ». Je dirais que le cours de l'or va être en hausse demain.

Il s'est trouvé que cet élève avait raison.

Reportez-vous à l'anecdote du chapitre 5 pour voir à quel point cette technique est efficace dans la prévision des fluctuations boursières. Vous pouvez également relire le récit de George Soros au chapitre 2.

Quelques indications utiles

Les impressions que vous recevez vous donnent souvent la même information de plusieurs manières. Ainsi, la deuxième pomme de cet élève était plus grosse ; contrairement à la première pomme, elle avait une odeur et donnait une ambiance générale de bien-être. Tous ces indices vont dans le sens d'un oui clair pour cet élève. Beaucoup d'élèves demandent pourquoi il faut avoir recours à des métaphores, pourquoi on ne peut pas travailler directement sur l'objet ou la personne. Eh bien, c'est tout simplement parce que pour les sujets qui nous tiennent à cœur, nos émotions font interférence. Pour reprendre notre exemple, si on demande laquelle des deux pommes est la plus grosse, on suscite moins d'émotions que si on demande la tendance du cours de l'or du lendemain. La pomme est un support inoffensif sur lequel nous pouvons exercer notre intuition en minimisant les interférences émotionnelles.

VOUS ÊTES TOUJOURS SCEPTIQUE ?

Peut-être vous demandez-vous comment cet exercice peut marcher si deviner et avoir une intuition sont deux choses différentes. La réponse se trouve dans votre subconscient et les instructions que vous lui avez données de capter les signaux des choses qui vous entourent. En choisissant ce livre, vous avez donné un signal à votre subconscient. Si vous croyez à l'intuition, vous avez probablement donné à votre subconscient le signal que vous alliez vous autoriser à fonctionner intuitivement et, ce faisant, que vous vous prépariez à recevoir les informations que votre intuition allait vous donner.

Si vous ne croyez pas à l'intuition, vous avez deux choix : soit vous laissez votre intuition faire ses preuves, soit vous décidez de prouver que ça ne marche pas.

Si vous êtes dans cette deuxième catégorie, cet exercice n'était probablement pas aussi réussi que pour les lecteurs de la première catégorie. Dans ce cas, décidez sciemment de laisser une chance à votre intuition.

Je me souviens d'un stage sur l'intuition que j'avais organisé en Californie. L'une des participantes avait plus ou moins forcé son mari à venir avec elle alors qu'il ne « croyait » pas à l'intuition et n'avait pas la moindre envie de s'y intéresser.

Rien de surprenant donc à ce que cet homme s'avère d'emblée un élève difficile. Il semble d'ailleurs qu'il faille toujours la présence d'au moins un grand sceptique pendant un stage pour rendre les choses plus intéressantes. Nous avons fait un exercice

Réponse à **l'exercice 12 :** la question à laquelle vous avez répondu était : « Le cours de l'or à Will Street va-t-il être, demain à la fermeture, en hausse ou en baisse par rapport à aujourd'hui.

— Si votre deuxième pomme était plus grosse que la première, vous avez répondu « en hausse ».

— Si votre deuxième pomme était plus petite que la première, vous avez répondu « en baisse ».

— Si vos deux pommes étaient de la même grosseur, vous avez répondu « inchangé ».

Vous pouvez vérifier votre réponse dans le journal de demain. Vous pouvez faire cet exercice avec des amis. Prenez des signes arbitraires qui indiqueront oui ou non et demandez à vos amis de vous poser des questions. Il s'agit là d'un bon exercice pour trouver votre style d'intuition.

de pronostic d'une course hippique et il a obtenu des résultats médiocres, se prouvant ainsi à lui-même qu'il était sans intérêt de s'entraîner à l'intuition. Il nia l'intuition des participants qui avaient vu juste en donnant de longues explications mathématiques sur le calcul des probabilités.

Le lendemain, nous avons fait un exercice qui consiste à décrire en détail la vie de quelqu'un qu'on ne connaît pas. Devant les réticences de cet homme à faire l'exercice, je l'ai encouragé à inventer ce qu'il dirait. Il accepta de le faire, peut-être simplement pour s'amuser.

Vous avez probablement deviné la suite. Il a décrit la vie de l'autre personne avec tant de détails qu'il connaissait la marque de la voiture de son père et le nom du lycée où il avait passé son bac.

Il ne vint pas au cours suivant et je demandai à sa femme la raison de son absence. Elle m'a dit que la précision de ce qu'il avait trouvé l'avait effrayé. Il croyait maintenant à l'intuition mais pensait que ce n'était pas une manière saine de recueillir des informations.

J'ai conseillé à cette femme d'expliquer à son mari qu'il recevait et utilisait en permanence des informations intuitives mais qu'il n'en avait tout simplement pas conscience. N'était-il donc pas préférable de prendre conscience d'un processus sur lequel il s'appuyait de toute façon pour prendre ses décisions, afin de l'utiliser plus efficacement ?

Apparemment, ceci ayant fait appel à sa raison, il revint terminer le stage. Il me serait agréable de penser que non seulement il a appris à se servir de son intuition mais qu'il a également pris conscience de ses réactions profondes à son environnement et à son entourage.

Au fur et à mesure que vous ferez les exercices de ce livre, votre subconscient comprendra plus clairement que vous vous autorisez à utiliser votre intuition consciemment et vos interprétations deviendront plus performantes.

Même si vous doutez encore de vos capacités intuitives, vous remarquerez sans doute que vous en savez plus que vous ne le pensiez au départ.

EXERCICE 13
UN EXERCICE ÉCLAIR

Quand vous levez les yeux de ce livre, notez vos impressions en réponse à chacune des question suivantes :

— Que voyez-vous ?
— Qu'entendez-vous ?
— Quel goût avez-vous dans la bouche ?
— Que ressentez-vous ?
— Quelle odeur sentez-vous ?
— Quelles idées vous traversent l'esprit ?

Rassemblez vos impressions : elles contiennent votre réponse à la question citée à la fin de ce chapitre. Comme d'habitude, n'oubliez pas de consigner tout cela dans votre carnet d'intuition.

LA RÉPONSE D'UN ÉLÈVE

L'ordinateur, du bruit dehors. Le bruit de gens qui travaillent. Je pense qu'il vient d'un restaurant. Un peu d'amertume entourée par un goût agréable. Je ressens une anxiété dans la poitrine mais je me sens bien dans mon environnement. Je sens une bonne odeur, fraîche et en même temps un peu irritante. J'espère que ceci ne correspond pas à ma question sur l'amour. Je me sens un peu triste. Je pense à ma mère et à la ville où elle a grandi, où ses parents habitent toujours et où je passais l'été quand j'étais petit.

Voici comment il a interprété ses impressions quand il a appris que la question était : « Mon amie et moi allons-nous nous marier ? »

Il y a beaucoup d'images conflictuelles. Le confort vaut-il l'irritation ressentie ? Le « bruit » du travail est une réalité pour nous deux. Nous travaillons tellement que nous n'avons pas de temps l'un pour l'autre.

Les parents de ma mère sont mariés et s'aiment depuis un demi-siècle. C'est cela que je recherche, et l'atmosphère familiale que j'ai connue dans mon enfance.

S'il fallait que je réponde par oui ou par non, je crois que la réponse serait non. Mais comme j'aimerais bien qu'elle soit oui, je crois qu'il faut que je m'efforce de consacrer davantage de temps à mon amie et que je fasse quelque chose à propos de l'irritation, de l'énervement qui existe depuis quelques mois. Il y a « un peu d'amertume » mais elle est « entourée par un goût agréable. » La réponse sera peut-être quand même non mais je veux essayer malgré tout.

Pensez à rechercher différentes possibilités dans vos interprétations, plusieurs scénarios. La vie, c'est rarement tout noir ou tout blanc.

ATTENTION À CE QUE VOUS INVENTEZ

Il est certes facile pour nous adultes de rejeter ce que dit quelqu'un sous prétexte que ce ne sont que des inventions. Cependant, l'un de mes exemples préférés du pouvoir de ce qu'on invente est une merveilleuse nouvelle de Jean-Paul Sartre. Le narrateur, un résistant, se remémore un souvenir atroce. Les Allemands l'avaient pris et l'avaient torturé pendant une semaine pour qu'il leur dise où se trouvaient ses compagnons résistants. Aussi courageux que patriote, il avait supporté la torture sans rien dire.

Puis il en eut assez de la torture et décida de faire une fausse révélation, pensant qu'il hâterait ainsi le moment de son exécution. Il inventa donc un mensonge et raconta aux Allemands que ses compagnons se cachaient dans la crypte d'une église. L'idée d'expédier ses tortionnaires dans un endroit où ils ne trouveraient personne le réjouissait.

Quelle ne fut pas sa surprise quand, à leur retour, les Allemands non seulement ne le fusillèrent pas mais le libérèrent. Sans le vouloir, il leur avait indiqué l'endroit *exact* où se cachaient ses compagnons.

Pour Sartre, la morale de l'histoire, c'était sans aucun doute la dérision de la condition humaine. A un niveau plus profond et dont l'auteur n'avait peut-être pas conscience, cette histoire illustre bien la justesse des idées que nous pensons « inventer ».

- 12 -

SE FIER A SON INTUITION PEUT FAIRE PEUR

IL FAUT DU COURAGE POUR SE SERVIR CONSCIEMMENT DE SON INTUITION

On dit parfois un peu trop vite qu'il faut « apprendre à faire confiance » à son intuition. On entend régulièrement des gens conseiller à d'autres de « faire confiance à leur sentiment », de « faire confiance à ce qu'ils ont dans le ventre ». Mais se servir de son intuition demande bien plus que de la confiance car c'est parfois des mois, voire des années plus tard qu'on a une réponse.

Nos intuitions sont en concurrence avec nos idées préconçues, notre penchant pour la « logique » et la confiance que nous faisons au « bon sens ».

Voici quelques exemples parmi les plus fréquents que les gens utilisent pour rejeter des perceptions intuitives légitimes :

— Ça n'a pas de sens.
— Ce n'est pas logique.
— C'est une invention.
— Il est tout bonnement impossible d'être sûr de ce qui va se passer dans l'avenir.
— Ça ne peut pas être vrai.
— Ce n'est pas réaliste.
— C'est idiot.

Réponse à **l'exercice 13 :** vous répondiez à votre 2e question.

Combien de ces expressions devez-vous éliminer de votre pensée ?

L'INTUITION EN ACTION
L'ANECDOTE D'UN ÉLÈVE

Avant d'être opéré pour une prothèse totale de hanche, j'ai présidé une réunion des chefs de service de ma société. Depuis de nombreuses années, nous utilisons les techniques intuitives de Laura au cours de nos réunions pour déterminer nos stratégies.

Nous venions de poser nos questions sur la table et nous étions en train d'écrire nos impressions quand j'ai eu le sentiment très fort que c'était ma dernière réunion. J'ai soudain arrêté d'écrire et me suis pris la tête entre les mains. Certains ont remarqué mon malaise et se sont eux aussi arrêté d'écrire. Nous avons partagé nos intuitions à propos de mon opération.

Mon associé m'a confié qu'il avait eu l'intuition que j'allais avoir un arrêt cardiaque pendant l'opération mais comme il était sûr que c'était sa peur et non pas son intuition qui lui avait dicté cette impression, il ne m'en avait pas parlé. Ce soir-là, j'ai téléphoné à Laura. Elle m'a dit qu'elle voyait trop de liquide dans mon cœur. J'étais sur le point d'annuler mon opération mais Laura m'a suggéré de parler de mes inquiétudes à mon chirurgien, ce qu'elle fait toujours dans ces cas-là. Lui et moi avons décidé ensemble de me poser un moniteur directement dans le cœur, ce qui est assez douloureux puisque cela doit se faire avant l'anesthésie.

Effectivement, au cours de l'intervention, mon cœur a eu une défaillance que le moniteur a immédiatement détectée, défaillance apparemment due à des liquides injectés trop rapidement. L'anesthésiste m'a confié plus tard que si le moniteur n'avait pas détecté le problème immédiatement, j'aurais probablement eu un arrêt cardiaque nécessitant une réanimation sachant que les réanimations cardiaques ne réussissent pas à chaque fois. Il est évident que je n'aurais probablement pas eu toutes ces informations si mon chirurgien n'avait pas été un ami de la famille.

Même si j'ai des médecins très compétents, je ne tairai plus jamais les intuitions que j'ai à mon sujet. L'intuition fait partie de toutes les informations dont je me sers pour prendre une décision.

Apprendre à ne pas juger trop vite

Voilà maintenant un certain temps que je vous prépare à accepter l'importance d'être ouvert à vos impressions intuitives. Vous vous sentez peut-être mal à l'aise ou bête de recevoir et d'exprimer des impressions intuitives quand votre esprit logique vous dit qu'il est impossible que vous sachiez quelque chose sur un sujet dont vous ignorez tout.

Peut-être entendez-vous votre voix intérieure vous murmurer : « Ça ne rime à rien tout cela. » Ne faites pas la sourde oreille à cette voix, notez ce qu'elle vous dit puis passez à autre chose. Acceptez toutes vos impressions.

Il est capital de prendre conscience de la manière dont votre esprit logique s'efforce de censurer vos impressions intuitives. Généralement, votre esprit réagit en qualifiant vos impressions d'interférences, de projections ou de chimères. Ce sont là des jugements ; c'est ainsi que réagit votre esprit logique quand il est obligé de travailler sans le soutien d'une information.

Pour l'exercice suivant, notez absolument toutes vos impressions :

— Si par exemple, la lettre G vous revient sans arrêt à l'esprit alors que vous vous attendez à recevoir de « véritables » impressions, dites-le.

— Si vous ne pouvez pas vous concentrer parce qu'une voiture n'arrête pas de klaxonner à l'angle de la rue, dites-le.

— Si vous avez une crampe dans le pied gauche en parlant, dites-le.

— Si vous n'arrivez pas à « obtenir quoi que ce soit » parce que vous n'arrêtez pas de penser au travail que vous avez à faire, dites-le.

Ce sont là des impressions tout à fait recevables. Notez tout ce que vous pensez et ressentez, toutes les souvenirs qui remontent quand vous recevez des impressions en réponse à une question. Notez absolument *tout*.

EXERCICE 14
APPRENDRE A FAIRE CONFIANCE

La question qui se rapporte à cet exercice se trouve à la fin du chapitre. Je vous demande de ne pas la lire avant d'avoir fait l'exercice. Je vous demande de faire semblant de connaître la réponse à l'aide de tous vos sens. Tandis que vous lisez ces lignes, faites comme si vous cherchiez déjà des éléments de réponse à la question posée à la fin du chapitre.

Vous n'avez pas à faire un effort conscient. Vous n'avez même pas à y penser. Prétendez simplement qu'en lisant ces lignes, vos sens reçoivent l'information dont vous avez besoin pour répondre à la question.

L'idée n'est pas de *deviner* ce qu'est la question ou la réponse. Vous voulez des fragments d'information qui, une fois rassemblés, ont pour vous un sens et décrivent les qualités de la réponse. Mais ces fragments eux mêmes n'ont pas besoin de vouloir dire quelque chose ni de suivre une logique quelconque. Car après tout vous ne savez même pas de quoi il s'agit, n'est-ce pas ?

Maintenant, tandis que vous faites semblant d'être capable de sentir la question avec tous vos sens, faites comme si tout ce que vous pensez, sentez, voyez, entendez ou percevez de toute autre manière était un fragment d'information vous permettant de répondre à la question.

Soit par écrit, soit au magnétophone, commencez maintenant à noter toutes vos impressions.

Inspirez profondément et remarquez ce que vous sentez. Remarquez ce que vous entendez. Remarquez ce que vous imaginez.

Autorisez-vous à remarquer l'émotion qui vous habite en ce moment et le souvenir que cette émotion évoque.

Notez bien toutes vos impressions.

Prétendez que vous êtes ailleurs. Où êtes-vous ? Que faites-vous ? Qui voyez-vous autour de vous ? Que se passe-t-il au loin, en arrière-plan ?

Autorisez-vous à tout remarquer. Laissez vos sens avoir leur vie propre et notez tout. Peut-être avez-vous le goût de quelque chose que vous voyez ou entendez-vous quelque chose que vous sentez. Laissez vos sens s'ébattre, donnez-leur la liberté d'entrer en interaction, d'être créatifs et prenez note sur le champ de l'émotion qui vous habite.

Maintenant, allez lire dans les pages suivante la question pour laquelle vous avez rassemblé ces informations. N'oubliez pas de tout consigner dans votre carnet.

L'AVOCAT DU DIABLE

Vous savez, j'ai essayé de noter mes interférences comme vous l'avez suggéré mais j'étais complètement bloqué pour cet exercice. Je n'arrivais pas à entrer en contact avec mon intuition.

Mais non ! C'est vous qui dites que vous étiez bloqué. Il se peut très bien que ce sentiment de blocage ait justement été la réponse intuitive à la question ! Si vous avez à nouveau des « interférences », incluez-les dans le processus. Disons par exemple que vous pensiez sans arrêt à un slogan publicitaire tandis que vous essayez d'avoir des impressions intuitives en réponse à une question. Eh bien, incorporez le slogan dans votre réponse à la question. S'il le faut, prétendez que ce slogan est la réponse.

Ceci est cependant un phénomène répandu quand on commence à travailler avec l'intuition. Puisqu'il vous est pratiquement impossible de résister au besoin de mettre des étiquettes sur vos impressions intuitives, eh bien, allez-y, au moment où vous les recevez, classez délibérément vos impressions en trois catégories :

— les impressions intuitives véritables
— les impressions intuitives imaginaires
— les interférences

Avec les réponses que les exercices de ce livre vous fournissent, vous découvrirez bientôt quelle catégorie donne des résultats plus précis qu'une autre.

QUELQUES MOTS SUR LES PROGRÈS AUXQUELS VOUS POUVEZ VOUS ATTENDRE

Maîtriser son intuition, c'est comme apprendre à faire du vélo. Au début, il faut un peu de temps pour s'habituer aux différentes manœuvres mais, une fois qu'on sait, c'est facile.

Je vous dis cela parce que, arrivés au point où nous en sommes maintenant, quelques élèves commencent à se sentir déçus. Ne vous attendez pas à ce que chaque exercice se déroule facilement. Vous êtes en train d'accorder votre instrument — votre intuition — et vous devez vous attendre à jouer quelques fausse notes. Tout ceci fait partie du processus d'apprentissage.

Réponse à l'**exercice 14 :** vous répondiez à votre 1ère question.

- 13 -

L'INTUITION, C'EST SAVOIR SANS SAVOIR POURQUOI ON SAIT

QU'ENTENDONS-NOUS PAR INTUITION ?

Nous avons déjà beaucoup parlé de l'intuition sans avoir véritablement défini ce que c'était. Il est important de le faire maintenant car c'est un concept utilisé de façon floue et qui sert à décrire de nombreuses choses.

Par exemple, l'adjectif « intuitif » est souvent utilisé comme synonyme de « prophétique » ou de « subconscient » ou d'« instinctif », trois mots qui ont une connotation et un sens très différents. « Intuitif » est également souvent utilisé de nos jours pour dire « qui se comprend facilement », par les informaticiens par exemple qui parlent de l'« interface intuitive » d'un ordinateur.

L'INTUITION EN ACTION
UNE ANECDOTE

Je me souviens qu'il y a de nombreuses années, on m'a amené une petite fille de cinq ans pour que je la guérisse. Sara avait une encéphalite et elle était dans le coma depuis l'âge de deux ans. Lorsque je l'ai vue, elle était toute raide et n'avait aucune réaction. Elle avait les poings et la mâchoire tellement serrés que j'espérais qu'elle ne sente plus rien. Elle était nourrie par une sonde gastrique. La seule chose que cette enfant pouvait faire sans assistance, c'était respirer.

Je me souviens de la manière dont la maman a allongé la petite fille sur le lit de repos pour que je lui fasse une imposition des mains et je me souviens m'être dit à ce moment-là que je ne pouvais rien faire pour cette petite fille. J'étais tellement émue par cette femme si dévouée et l'état de son enfant que je ne savais pas si c'était un sentiment ou une intuition.

La raison pour laquelle cette mère m'avait amené son enfant à ce moment-là, c'est que les médecins voulaient placer la petite fille dans une structure puisque de toute façon « elle ne se rendait compte de rien ». La maman voulait donc tout essayer avant de prendre une telle décision.

J'ai donc dit à la maman ce que je dis habituellement, à savoir que l'imposition des mains est rarement efficace et que pour prendre cette décision, il fallait qu'elle suive à la fois son bon sens à elle et l'avis des médecins. Puis, sans beaucoup d'espoir, j'ai effectué la « guérison ».

Pendant que je travaillais, j'ai vu des images terribles dans ma tête : le visage ensanglanté d'un homme puis le visage ensanglanté de la petite fille, tour à tour puis se superposant. Je m'efforçais de chasser le visage de l'homme pour voir clairement celui de la petite fille. Je sentais que l'enfant voulait suivre cet homme et je lui ai demandé, intérieurement, de rester avec moi et avec sa maman. Pendant que je faisais cette guérison, j'étais remplie d'espoir sur le rétablissement de l'enfant. Mais lorsque j'eus fini, que j'ai rouvert les yeux et que j'ai vu la petite fille handicapée, allongée sans réaction sur le lit, j'ai su que je me trompais.

La mère m'appela quelques jours plus tard pour me dire que Sara s'était mise à se lécher les lèvres. Cela ne me semblait pas une grande amélioration mais la mère était transportée de joie et voulait que je continue à travailler avec sa fille. Elle était persuadée que son enfant allait guérir. Quant à moi, même si je ne voulais pas l'encourager dans ses espoirs non fondés, je pensais que quelques séances de plus convaincraient la maman de suivre l'avis des médecins et de placer l'enfant dans une structure.

J'ai donc travaillé sur la base d'une séance par semaine avec Sara et son état a continué de s'améliorer. Ses progrès étaient étonnants à observer, non seulement parce que je ne pensais pas qu'elle pourrait guérir mais aussi parce qu'elle passait par toutes les phases d'apprentissage des bébés : apprendre à faire des sons, puis des mots puis des phrases, apprendre à rouler, à s'asseoir, à ramper et enfin à marcher.

Il y avait six mois que je connaissais Sara et sa maman quand j'ai demandé à cette dernière où était le papa. Elle me raconta qu'il était mort d'une balle dans la tête quand Sara avait un an et demi.

Je vois encore cette belle enfant de temps en temps. Elle travaille bien à l'école. Je me demande si la petite fille avait senti la façon dont son père était mort et avait reproduit ce drame dans son corps ou si c'est juste une coïncidence qu'elle soit tombée malade dans la partie du corps où son père avait été mortellement blessé. Je suis heureuse de ne pas avoir suivi ma première « intuition » qui me disait qu'elle ne guérirait pas.

L'INTUITION EST VOTRE SIXIÈME SENS

Vous utilisez vos cinq sens physiques primaires — le toucher, la vue, l'odorat, l'ouïe et le goût — pour glaner des informations sur le monde qui vous entoure. C'est ce qui se passe par exemple tandis que vous tenez ce livre entre vos mains. Vous en sentez le poids et entendez le bruit des pages que vous tournez. Vos yeux reçoivent la lumière réfléchie par la page. Cette lumière stimule votre rétine qui envoie des messages à votre cerveau par l'intermédiaire du nerf optique.

La différence avec l'intuition, c'est qu'elle perçoit des choses sans avoir recours ni aux sens ni aux processus mentaux bien qu'elle s'appuie sur ces derniers pour *interpréter* l'information.

DÉFINITION DE L'INTUITION

Nous pouvons définir ainsi l'intuition :

> *l'intuition est un processus non linéaire et non empirique pour recueillir et interpréter des informations en réponse à une question.*

Étudions maintenant cette définition en détail.

L'INTUITION EST UN PROCESSUS NON LINÉAIRE

La déduction, qui est une forme courante de raisonnement, s'appuie sur des propositions prises pour prémisses pour aboutir à des conclusions en suivant des règles de logique. L'intuition, en revanche, ne procède pas par étapes « logiques ». L'intuition ne raisonne pas et n'a d'ailleurs pas besoin de raisonnement. L'intuition sait, tout simplement. Là où la raison avance à petits pas, l'intuition procède par « flashes ». L'intuition recueille des bribes de réalité, généralement sous forme de symboles. Ces symboles doivent ensuite être interprétés et assemblés pour qu'une image cohérente apparaisse.

L'INTUITION EN ACTION
L'ANECDOTE D'UN ÉLÈVE

A un moment donné, j'ai envisagé d'acheter une société en faillite. Les produits ne m'intéressaient pas mais la technique de production, si. Je n'avais cependant pas une idée claire de ce que j'allais faire avec cette société. J'avais vu Laura quelques années avant qu'il fût question que la société pour laquelle je travaillais soit vendue. Laura m'avait dit à l'époque que la société allait être vendue. Elle m'avait également dit à qui et m'avait indiqué les gens qui seraient licenciés et ceux qui conserverait leur emploi, et pourquoi. Elle m'avait donné beaucoup de détails sur les objectifs de l'acheteur, pourquoi il allait prendre telle et telle décision et comment je devrais gérer cette situation. Grâce à ces informations, je n'ai pas perdu mon emploi même si par la suite, comme prévu, j'ai choisi de le quitter.

Laura m'avait fait prendre beaucoup de notes sur notre travail. De temps au temps, au fil des années, je jetais un coup d'œil à mes notes. Elle avait prédit avec une grande précision ce qui s'est passé des années plus tard dans ma vie et dans ma société.

La seconde fois que je suis allé voir Laura, j'avais apporté toute une liste de questions précises. Ensemble, nous avons élaboré un projet pour la société que j'envisageais d'acheter, projet qui a été couronné de succès. Laura avait prévu des problèmes au cours d'une campagne publicitaire pour un produit qui n'existait pas encore. Elle m'a fourni de précieux renseignements sur le perfectionnement d'un produit qui n'avait pas encore été conçu ! Avec son aide, nous avons également localisé des concurrents qui n'étaient pas encore sur le marché et avons prévu leur stratégie.

Je suis athée et je ne crois pas beaucoup aux bruits bizarres dans la nuit. Je crois en revanche aux choses qui marchent. Je suis donc passé par dessus mon incrédulité même si ce que Laura pouvait voir était assez incroyable. Puis elle m'a dit quelque chose que j'ai trouvé encore plus difficile à croire : je pouvais prédire les mêmes choses qu'elle et avec la même précision.

Je lui ai demandé de venir faire une formation dans ma société. Mon équipe était globalement très sceptique mais même les plus réticents on dû se rendre à l'évidence : le résultat était étonnant. Même s'il existe différents degrés de capacité intuitive, tous les membres de mon personnel étaient capables, au terme de la formation, d'exercer efficacement leur intuition dans une certaine mesure et quelques uns se sont révélés absolument extraordinaires. Ce fut également précieux pour la société de savoir qui, dans le personnel, était plutôt intuitif, et qui était plutôt déductif. J'organise maintenant régulièrement un brainstorming intuitif. L'information intuitive ne remplace certes pas les chiffres mais c'est un plus qui permet d'apporter un éclairage inaccessible par les moyens traditionnels.

L'intuition recueille des informations par des moyens non empiriques

« Empirique » signifie « basé sur l'expérience ». Par exemple, si je vous demande si vous allez aller travailler demain, l'approche empirique serait de voir que demain est un jour de semaine normal et de considérer que, sauf imprévu, accident, maladie brutale, etc., vous irez travailler. L'intuition, pour sa part, n'a pas besoin de telles données pour fonctionner et vous fournir une réponse. C'est pourquoi, avec votre intuition, vous pouvez répondre à des questions sur des sujets auxquels vous n'y connaissez rien.

Après ces quelques éclaircissements, il faut néanmoins ajouter que la frontière entre les données empiriques et les données intuitives n'est pas toujours claire. Chez nous en Amérique, les prévisions météorologiques d'un Indien, basées sur ses connaissances à lui, sont-elles moins empiriques que celles de notre Monsieur Météo de la télévision qui se trompe toujours ?

Tout ce dont il s'agit, c'est de l'information que nous recevons de manière différente et qui dépend de ce à quoi nous avons accès. Pour prévoir s'il pleuvra demain ou non, l'Indien utilise des données différentes du météorologiste mais le marin ou l'arthritique aussi. Avant d'être doués de parole, nos ancêtres utilisaient certainement leur intuition beaucoup plus que nous dans leurs rapports avec leur environnement.

L'information intuitive est non empirique parce que nous ne la recevons pas par nos sens. Cependant, le fait de tirer des conclusions d'une information intuitive est empirique. Quand vous recevez une image intuitive sur un événement situé dans l'avenir, votre esprit raisonnant peut se servir aussi facilement de cette image que d'une image tangible.

L'INTUITION INTERPRÈTE L'INFORMATION

L'intuition ne se borne pas à recueillir l'information, elle l'interprète également. Et il faut que les impressions intuitives soient interprétées pour être utilisables ; la même chose s'applique d'ailleurs aux informations fournies par les rêves. Les informations intuitives sont très généralement symboliques plutôt que littérales. Ce symbolisme inhérent est vrai pour tous les langages intérieurs (par opposition au langage que nous utilisons pour nous faire comprendre par autrui).

Beaucoup de gens considèrent que les symboles et les histoires symboliques sont un moyen de communication primitif, indirect ou qui manque de clarté. Et on peut se demander pourquoi notre intuition ne nous parle pas plus « clairement ».

Mais les symboles sont en fait un moyen de communication très sophistiqué. Ils transmettent une foule de détails de façon bien plus efficace que l'expression verbale. C'est pourquoi les écrivains ont recours à l'allégorie et au symbolisme pour fournir au lecteur des détails et des informations à plusieurs niveaux.

L'INTUITION EN ACTION
L'ANECDOTE D'UN ÉLÈVE

J'ai vu Laura après la mort de mon ami. Il était décédé dans des circonstances très mystérieuses à la suite d'une forme de pneumonie généralement associée au sida. Sa mort fut un tel choc pour moi que je n'ai pas eu l'idée de demander un dépistage pour le VIH avant son enterrement.

Dans les mois qui suivirent, j'étais monopolisée par la peur et je me préparais à mourir. Je n'ai pas repris d'autre relation amoureuse et étais incapable de faire des projets à long terme. Je n'ai parlé à personne de mes peurs ni des circonstances du décès de mon ami.

Dès que Laura m'a vue, elle m'a dit :

— *Vous êtes en parfaite santé. Pourquoi vivez-vous comme une mourante ?*

Je ne croyais pas à la voyance ni à l'intuition. J'ai été tellement surprise par l'étrangeté de cette petite personne et par la manière directe dont elle affirma avec précision quelque chose dont elle ne savait rien, que je lui ai raconté toute mon histoire. Elle m'a donné le nom d'un psychothérapeute et d'un médecin.

— *Appelez d'abord le thérapeute et ensuite le médecin, me dit-elle. Car dans l'un ou l'autre cas, vous aurez besoin d'un temps d'adaptation.*

Je n'ai pas tenu compte de son avis et ai d'abord appelé le médecin. Je me suis fait dépister, j'ai appris que j'étais séronégative et j'ai passé les mois les plus terribles de ma vie : je venais de réaliser qu'il fallait que je continue à vivre sans Mark. C'est à peu près à ce moment-là que j'ai fait une dépression.

Je n'ai pas recontacté Laura pendant presque un an. Puis je l'ai rappelée parce que dans les notes que j'avais prises lors de notre premier travail, il y avait des détails sur des changements dans mon travail qui n'avaient aucun sens pour moi à l'époque mais qui se sont produits par la suite exactement comme Laura l'avait prévu. Elle m'avait même donné le nom de ma nouvelle entreprise et celui de mon nouvel associé. Ma curiosité a été plus forte que mon malaise par rapport à ce genre de choses et j'ai donc rappelé Laura.

Depuis, j'ai fait avec elle une formation sur l'intuition et je m'en sers dans tous les domaines de ma vie. Il avait en effet fallu le recours à des impressions intuitives pour que je fasse ce que la logique aurait dû me dicter de faire : voir un médecin, me faire dépister et gérer le résultat, quel qu'il soit.

J'ai fini par aller voir un psychothérapeute pour surmonter la terreur du survivant et je regrette de ne pas l'avoir fait plus tôt. Je me demande si Laura savait que j'étais séronégative avant de m'envoyer me faire dépister. Elle a refusé de me le dire à l'époque et refuse toujours de me le dire.

— *Même si je pouvais le savoir, à quoi cela servirait-il alors qu'une prise de sang permet d'avoir une réponse concrète ?*

Elle me répéta qu'elle n'avait pas les compétences professionnelles pour poser un diagnostic médical ni pour gérer les problèmes psychologiques engendrés par ce diagnostic et que c'était la raison pour laquelle elle m'avait adressé à deux personnes hautement qualifiées en la matière.

Je me demande ce que je serais devenue si j'avais continué à vivre dans la peur de mourir.

L'INTUITION RÉPOND AUX QUESTIONS

Enfin, vous remarquerez que d'après cette définition, l'intuition doit être « mise en mouvement » par une question. En effet, une question concentre votre intuition et vous indique ce que vous devez remarquer dans le monde qui vous entoure.

A chaque seconde, il y a un million de questions en vous qui attendent une réponse et un million de réponses en train de s'élaborer. Même une croyance est une question en veilleuse. Tous nos sens répondent aux questions que notre environnement et notre corps posent : c'est là leur fonction. La fonction de votre esprit rationnel est d'interpréter les informations fournies par vos sens afin de vivre plus efficacement. La fonction de votre esprit intuitif est d'interpréter vos sens pour les mêmes raisons. En réveillant votre esprit intuitif et en prenant conscience de comment il travaille, vous réaliserez toute la puissance et l'étendue de vos sens.

L'intuition répond à des questions, même à celles que nous ne posons pas consciemment. L'intuition apporte au niveau du conscient les informations transmises par nos cinq sens mais qui se trouvent au-delà de ce que peut capter notre esprit rationnel : à propos de gens que nous ne connaissons pas, d'endroits où nous ne sommes jamais allés ou que nous ne pouvons pas voir, de l'avenir.

QUELQUES PAROLES RASSURANTES

Dans ce chapitre, nous avons défini ce que nous entendions par intuition mais ne laissez pas les définitions et les explications entraver ce qui est un processus humain tout à fait simple. Et n'oubliez pas que vous êtes déjà intuitif.

- 14 -

L'INTUITION ET LES AUTRES PHÉNOMÈNES « PARAPSYCHOLOGIQUES »

INTUITION ET TÉLÉPATHIE SONT DEUX CHOSES DIFFÉRENTES

Vous comprendrez mieux l'intuition en la comparant à d'autres phénomènes avec lesquels on la confond souvent.

On dit souvent à tort que l'intuition est une faculté « parapsychologique ». On l'assimile ainsi à la télépathie ou à la faculté de lire les pensées d'autrui. La télépathie ne représente cependant qu'une partie infime de votre esprit intuitif ! Et généralement, vous n'allez pas consulter un intuitif pour savoir ce que vous pensez (bien qu'un intuitif puisse clarifier ce qui pour vous était confus).

Le mouvement nouvel âge parle beaucoup de médiums et de « channels ». Tel que je les vois, les médiums sont des gens qui parlent aux « esprits » ou à travers qui les « esprits » s'expriment. Mais, une fois que vous avez trouvé un état de concentration qui vous permet de recevoir des informations, vous pouvez utiliser cette faculté pour plusieurs choses : la télépathie, la connaissance anticipée, la guérison ou la médiumnité.

La médiumnité est très utile pour les gens qui ont perdu un proche avec lequel ils doivent encore résoudre certaines choses avant de pouvoir guérir ou faire leur deuil. C'est généralement le seul cas dans lequel je pratique la médiumnité à moins que je ne sente fortement qu'un « esprit » veuille donner un message qui aidera beaucoup quelqu'un d'une manière ou d'une autre.

Les gens veulent toujours savoir comment marchent les choses car ils croient que tous les résultats sont compréhensibles et ont une explication « logique ». Comment marche la médiumnité est un mystère. Je crois que personne ne sait vraiment si c'est l'esprit même qui parle ou bien un reliquat d'énergie ou si c'est la faculté qu'a l'intuitif d'avoir accès à des informations dont nous n'avons généralement pas conscience. Mais je peux cependant vous dire, par mon expérience personnelle, que la vraie médiumnité existe vraiment.

Les rêves ne sont pas intuitifs

Beaucoup de gens accordent une grande importance aux signes qu'ils ont en rêve. On entend de plus en plus souvent des personnes dire qu'elles ont fait tel rêve qui voulait dire telle et telle chose. Mais la plupart des gens commettent des erreurs car ils ne savent pas que les rêves ont une ou plusieurs significations à de multiples niveaux.

On pense souvent que les rêves sont prémonitoires. En fait, dans ces cas-là, c'est l'intuition qui est à l'œuvre. Par les rêves, votre psychisme résout les expériences et les conflits inconscients de la journée. Dans cet « espace », l'intuition peut utiliser le même langage symbolique que les rêves.

Mais recevoir des informations par l'intuition n'est pas la même chose que de recevoir des informations par les rêves. La grande différence, c'est que l'intuition est objective et souvent prédictive alors que les rêves sont toujours subjectifs et descriptifs.

Il est généralement admis que les rêves fonctionnent sur un mode figuratif et symbolique plutôt que littéral et que leur « signification » doit être interprétée pour être pleinement comprise. Vous remarquerez que c'est en rêvant que nous recevons ces informations mais que c'est dans un état de veille normal que nous les interprétons.

Il y a bien évidemment plusieurs catégories de rêves. Le contenu des rêves est un mélange composé des événements de la journée, de souvenirs et de sentiments. On ne connaît pas encore bien le rôle que jouent les rêves dans notre fonctionnement psychologique mais il semblerait qu'ils agissent comme une soupape de sécurité. Les rêves attirent notre attention sur des choses que nous avions inconsciemment remarquées au cours de la journée. Ils nous apportent ainsi des informations nécessaires à notre bien-être psychologique.

COMPARAISON DU RÊVE ET DE L'INTUITION

Le rêve et l'intuition ont plusieurs différences mais possèdent également des analogies significatives.

D'une façon générale, les rêves comme l'intuition doivent être interprétés pour être compris. En outre, cette interprétation doit se faire en état de veille. Les filtres logiques qui sont activés dans notre état de veille inhibent le fonctionnement tant du rêve que de l'intuition. Enfin, le rêve comme l'intuition utilisent ce qui nous est accessible pour nous fournir de l'information. Ainsi, si vous n'êtes ni mathématicien ni scientifique, il est fort peu probable que vous résolviez une équation en rêve ou par une impression intuitive.

D'autre part, les rêves présentent généralement des informations sous forme narrative alors que l'intuition la présente de façon fragmentée. Enfin, dans les rêves, vous êtes généralement le personnage central alors qu'il est très rare que vous soyez un personnage dans les informations intuitives que vous recevez.

- 15 -

Trouver son état intuitif

Vous n'avez pas besoin de devenir un yogi ou un moine zen

Le grand public se représente généralement un intuitif en action (un « voyant » ou un « médium » en langage populaire) comme un excentrique en transe ou dans un état bizarre. Quoi qu'en dise cette imagerie populaire, l'intuition est un état de conscience tout à fait ordinaire. Je le répète, l'intuition ne requiert rien d'autre qu'un léger déplacement de notre centre d'attention.

Ceci dit, l'intuition n'est pas quelque chose de vague mais un état physique spécifique dans lequel nous sommes réceptifs aux informations intuitives. Par *état physique*, je ne parle pas de la différence entre les ondes cérébrales alpha et thêta ni entre le fonctionnement du cerveau droit et celui du cerveau gauche. Être ouvert ne veut pas non plus dire « vide » au sens mystique du terme. Si nous avons conscience de davantage de choses en état de rêve ou d'intuition qu'en état de veille normal, c'est simplement parce que nos « filtres » cognitifs sont désactivés. Comme nous l'avons déjà dit, nous devons nous réveiller de nos rêves pour trouver leur signification. La même chose s'applique à l'intuition : nous devons nous « réveiller » et utiliser notre esprit rationnel pour trouver le sens de nos impressions.

L'état intuitif est un état d'attente, d'attente non pas chargée d'espoir mais simplement patiente. Avec de l'entraînement, vous atteindrez facilement l'état intuitif.

L'INTUITION EN ACTION
L'ANECDOTE D'UNE ÉLÈVE

Le film avait mal commencé. Dès le départ, les scénaristes s'étaient bagarrés avec le producteur. A la fin de la première semaine, nous en étions déjà à notre deuxième réalisateur. Au lieu de la camaraderie habituelle sur les tournages, ce n'était que désaccord entre tous les intervenants. Entre les végétariens, ceux qui mangeaient kascher et ceux qui ne supportaient que le steak frites, on ne pouvait même pas dîner ensemble dans le même restaurant. J'avais un rôle important dans le film, j'avais beaucoup travaillé mon personnage et je voulais que le film réussisse.

A la fin de la deuxième semaine de tournage, j'avais terminé une scène avec l'acteur principal. Il était aussi insatisfait que moi. Mais il réagissait différemment : à cause de son mécontentement, il ne se donnait pas à fond dans le film. Je réalisai que c'était aussi le cas de la plupart des acteurs et des autres intervenants du tournage.

J'ai fini par perdre patience. J'ai claqué la porte et suis allée m'enfermer dans ma caravane pour reprendre mes esprits. Je commençais à me sentir un peu « space » quand j'ai eu très fortement l'image de types qui rigolaient dans une sorte de complicité typiquement masculine. J'ai éclaté de rire en réalisant qu'il n'y avait pratiquement que des hommes sur le tournage et qu'un phénomène de bandes ennemies s'était mis en place. A ce moment-là, j'ai compris intuitivement que la solution, c'était de les encourager à se comporter comme des hommes, comme des types sympas, et non pas comme une meute de chiens.

Cette après-midi-là, je me suis mise à blaguer et tout le monde m'a suivie. Même les types qui faisaient bande à part étaient trop « mecs » pour ne pas réagir à une bonne blague. Ça doit correspondre à une espèce de code typiquement masculin.

Aujourd'hui, tout le monde se rappelle de ce tournage comme d'un grand moment de rires et de bonne ambiance. Nous avions finalement réussi à bien travailler et à recanaliser de façon créative les tensions du début.

Désormais, quand j'ai un problème à résoudre et que je ne trouve pas les clés et même s'il m'arrive encore de claquer les portes, je m'assois, je respire profondément et j'attends que la réponse arrive.

Qu'est-ce qu'un état intuitif ?

En « fonctionnement normal », notre logique filtre nos sentiments, nos émotions et même nos intuitions. En état intuitif, l'intuition devient le précurseur de tous nos autres sens.

Lorsque nous disons par exemple que telle personne est émotive, cela veut dire que ses autres fonctions (sa raison, ses réactions, ses sensations physiques, etc.) sont déterminées par ses émotions. Alors que lorsqu'on dit que quelqu'un est rationnel, cela veut dire que ses réactions sont fondées sur l'analyse et le jugement.

A quoi ça ressemble un état intuitif ?

Arrivé à ce point de votre lecture, vous avez peut-être réalisé qu'à chaque fois que vous faites un exercice du livre, vous donnez à votre inconscient le signal de se mettre en état intuitif. Tout comme Pavlov et son phénomène de répétition, vous entraînez votre subconscient à répondre aux signaux que vous lui donnez pour se mettre en état intuitif même si vous n'avez pas conscience de tout le travail préparatoire qu'il fait pour y accéder.

Consacrez quelques instants à prendre conscience de ce que vous ressentez quand vous êtes dans un état intuitif. Remarquez-vous des changements dans les perceptions de votre corps ? Vous sentez-vous plus léger ? Plus lourd ? Avez-vous plus chaud ? Plus froid ?

Vos pensées sont-elles plus lentes ou plus rapides ? Votre perception des bruits change-t-elle ? Votre respiration est-elle différente ? Votre état émotionnel est-il différent ? Votre attention, votre concentration ? Les choses vous paraissent-elles différentes ? Avez-vous une plus grande acuité visuelle ou une vision plus floue ?

Cette prise de conscience sera importante dans le processus inverse, quand, une fois que vous aurez reçu vos impressions intuitives, vous ferez des exercices pour retrouver votre état de conscience « normal », ou plus exactement celui qui vous est le plus familier. Même votre état « cognitif » naturel va changer en faisant les exercices de ce livre, de même qu'une psychothérapie change votre état de conscience. En d'autres termes, ce ne sont pas seulement les informations que vous recevrez de votre intuition qui vont vous changer mais également la pratique même de la réceptivité intuitive.

COMMENT RECONNAÎTRE SON ÉTAT INTUITIF

L'une des questions que mes élèves me posent le plus fréquemment, c'est : « Comment puis-je être sûr que c'est mon intuition qui parle et non pas mes espoirs ou mes peurs ? » En d'autres termes, comment savoir si une impression est intuitive (c'est-à-dire valable) et non pas la projection d'un sentiment ?

A cette question, je réponds : « Vous ne pouvez pas le savoir. » Je ne plaisante pas, c'est là tout le défi de la pratique intuitive. Ceci dit, le meilleur moyen de savoir si c'est votre intuition qui a parlé, c'est de voir dans quelle mesure les impressions que vous avez reçues sont confirmées par l'expérience.

Disons par exemple que vous avez l'impression que le cours de telle action va monter le mois prochain. Si ce n'est pas le cas, c'est que vous avez eu un sentiment, une opinion ou un espoir. Si effectivement le cours de cette action est en hausse, il est très probable que ce soit votre intuition qui ait parlé. Bien sûr, ça a pu être un « coup de chance ». Mais avec le temps cependant et dans ce genre de prédictions, la chance et la malchance ont tendance à se neutraliser mutuellement et vous apprendrez à reconnaître les fois où vous êtes sur le bon chemin.

Pratiquez souvent les applications de l'intuition. A chaque fois que vous accédez consciemment à votre intuition, comparez les impressions que vous avez reçues avec la « réalité ». Ainsi vous apprendrez en peu de temps à faire la différence entre une vraie impression intuitive et vos sentiments ou projections, particulièrement vos espoirs et vos peurs.

Voici quelques caractéristiques de l'intuition à garder présentes à l'esprit :

— **L'intuition — de même que vos émotions — s'exprime plus généralement par des métaphores et des symboles que par l'esprit raisonnant.**
— **L'intuition est détachée de ses perceptions.** Chercher intuitivement, c'est être ouvert aux perceptions sans en espérer quelque chose. Aucun sentiment n'est attaché à l'intuition. Si, en réponse à une question, votre dialogue intérieur commence à susciter des émotions telles que la peur ou la colère, vous pouvez être sûr que vous êtes passé de l'intuition à la raison, également lorsque votre dialogue intérieur commence à utiliser des formules comme « je devrais » ou « il faudrait que ».
— **Enfin, l'intuition perçoit le monde sous forme de globalités (même s'il s'agit de globalités fragmentaires) plutôt qu'en parties ou composantes à analyser.** Les impressions intuitives se succèdent rarement dans une suite « logique ». Ainsi, lorsque vous pensez à un enchaînement de causes à effets, c'est que vous raisonnez, vous n'êtes pas dans l'intuition.

Utiliser des panneaux indicateurs pour vérifier ses impressions intuitives

Il y a une logique de la connaissance et des moyens ou des repères pour voir si notre processus mental normal « veut dire quelque chose ». Les expériences, les lois de la logique, la cohérence de nos hypothèses de départ et de nos conclusions constituent de tels repères.

Dans ce domaine, même les rêves ont une forme de logique et de cohérence internes. Avec l'intuition cependant, nous avançons dans le noir puisque nous n'avons pas de repères intérieurs ni extérieurs.

Vous pouvez cependant créer consciemment des repères en cherchant ce que j'appelle des panneaux indicateurs. Si vous avez l'impression que deux personnes vont se marier en mai prochain, vous pouvez par exemple demander à votre intuition le lieu où ces personnes habiteront l'été prochain. Si, en réponse, à cette question, ce sont deux villes ou deux États différents qui apparaissent, vous avez là un panneau qui vous indique que votre première impression était probablement erronée.

Nous reparlerons plus loin de ces repères et panneaux indicateurs. Malgré leur aide cependant, vous ne pouvez jamais être parfaitement sûr. Je peux néanmoins vous assurer et vous affirmer qu'avec de l'entraînement et une vérification systématique, vous apprendrez à savoir si votre climat intérieur indique ou non une véritable intuition.

L'intuition et votre inconscient

Même si l'intuition emprunte souvent son langage à l'inconscient pour s'exprimer, l'inconscient et la source de nos informations intuitives sont différents. De même que nous exprimons souvent par les mimiques et l'attitude tous les sentiments qui en nous sont de l'ordre du non verbal, nos perceptions intuitives sont obligées d'emprunter une langue compréhensible par notre conscient.

S'ouvrir

C'est à chacun de trouver son moyen propre d'entrer en état d'intuition. Être détendu, confortablement assis, respirer profondément sont des auxiliaires précieux. On peut également s'aider d'une image. Ainsi, bon nombre de mes élèves visualisent leur fontanelle qui s'ouvre pour recevoir l'information intuitive. Avec un peu d'entraînement, vous trouverez à votre tour une image, ou tout autre moyen d'ailleurs, qui fonctionne bien pour vous.

L'intuition est un processus très rigoureux

L'intuition, c'est bien plus que de simplement « faire confiance à ce qu'on a dans le ventre ». D'ailleurs même cette expression implique que la tête n'est pas le lieu de l'intuition. Cependant, on pense souvent à tort qu'avec l'intuition nous ne sommes pas obligés de réfléchir. Le simple fait de ne pas penser logiquement n'implique pas que nous soyons intuitifs. En fait, en utilisant votre intuition, vous observez et enregistrez activement vos impressions, vous les interprétez et finalement vous les intégrez à vos autres processus mentaux.

Comme je vous l'ai déjà maintes fois répété, vous êtes déjà intuitif. Le processus rigoureux dont je parle est donc quelque chose que vous faites sans arrêt, quoique maladroitement parfois. Une fois encore, le but ici est de vous donner la maîtrise consciente de votre faculté d'intuition.

L'intuition opère en deux étapes

L'intuition, c'est donc recevoir et interpréter des informations. Quand on apprend à maîtriser son intuition, il est donc important de bien séparer ces deux étapes.

La première étape est donc de recevoir des données en réponse à une question. L'information intuitive se présente généralement de façon symbolique. Cette étape est non linéaire.

La seconde étape est à la fois linéaire et non linéaire : vous interprétez, ou traduisez, ces symboles et vous les assemblez. Cette étape est linéaire en ce sens que vous utilisez votre esprit logique pour combler la discontinuité et trouver son sens.

C'est dans ce processus de traduction que de l'information utile et utilisable est fournie. Je parle de traduction puisqu'il s'agit de traduire un langage symbolique pour le comprendre.

Vous apprendrez à utiliser un processus logique de résolution de problèmes pour assembler les bribes d'information intuitive et en faire quelque chose de cohérent et d'utilisable. L'information arrive parfois sous forme d'une réponse directe ; il faut alors s'ouvrir à d'autres impressions pour vérifier la réponse. Mais, le plus souvent, la réponse arrive sous forme d'une série de données, reçues par vos différents sens, que vous devez synthétiser en réponse cohérente. Ce processus devient instantané une fois que vous êtes un intuitif averti mais c'est là que les débutants commettent le plus d'erreurs.

EN RÉSUMÉ

L'état intuitif est un état dans lequel vous recueillez des informations qui ne dépendent ni de vos sens ni de vos processus mentaux. Mais, au lieu de vous fier aveuglément à cette information intuitive, vous devez l'assembler, la vérifier et l'interpréter rigoureusement. C'est en ce sens que l'intuition est un processus qui se déroule en deux étapes, un peu comme pour les rêves dont il faut se réveiller pour pouvoir les interpréter.

- 16 -

AU COMMENCEMENT ÉTAIT LA QUESTION

LA VIE CHERCHE SANS ARRÊT DES RÉPONSES

Ce que vous remarquez autour de vous, par votre intellect, votre mémoire aussi bien que votre intuition est une réponse à des questions. Tout ce que vous faites consiste à répondre à des questions qui vont de choses très ordinaires, par exemple ce que vous allez manger ce soir, jusqu'à des questions plus importantes, par exemple le choix de la personne que vous allez épouser ou votre orientation professionnelle, voire existen-tielles : « Qu'est-ce que je fais ici ? » ou « Qu'est-ce que ça veut dire tout ça ? »

Ce sont ces questions qui sont le sel de la vie. Ce qui rend votre vie différente de la mienne, ce sont essentiellement les différentes questions que nous nous posons. En fait, ce qui est important dans la vie, c'est de savoir quelle questions nous devons nous poser.

L'INTUITION EST DÉTERMINÉE PAR UN BUT

Souvenez-vous que c'est toujours en réponse à une question que l'intuition est activée et offre des informations (sous forme d'images, de sensations, d'impressions ou de symboles). Pour comprendre les données intuitives, vous devez prendre conscience des questions que vous posez consciemment ou inconsciemment.

En effet, le problème c'est que nous n'avons pas conscience de toutes les questions que nous posons. Nous donnons même souvent subconsciemment à notre intuition des signaux contradictoires : « Je veux une augmentation mais je ne veux pas de responsabilités supplémentaires. Je veux un amour mais si j'en avais un, j'aurais peur de le perdre. »

En fait, le vrai sujet de ce livre, c'est comment prendre conscience des réponses à des questions que vous n'avez pas conscience d'avoir posées. Le problème avec notre inconscient, évidemment, c'est qu'il est vraiment inconscient !

L'INTUITION RÉPOND SIMPLEMENT À DES QUESTIONS

Il y a quelque chose qui bloque souvent les gens qui se familiarisent avec l'intuition, c'est l'obsession de trouver la « bonne » réponse. Après nos années de scolarité, nous sommes tous conditionnés à avoir peur des questions.

Il vaut mieux envisager votre travail simplement comme le fait de noter l'ambiance et les impression que vous recevez en réponse à une question. Par exemple, si je vous demande s'il y aura une sécheresse dans votre région l'été prochain, peut-être prendrez-vous soudain davantage conscience des petits flashes de lumière sous vos paupières. En vous concentrant là-dessus, peut-être aurez-vous une sensation d'éclairs puis d'orages puis d'une baignoire que vous avez fait déborder quand vous aviez six ans, ce qui vous avait attiré des tas d'ennuis même si tout était rentré rapidement dans l'ordre.

Ces sensations sont vos réponses intuitives à la question. L'important, quand vous êtes à l'écoute de votre intuition, c'est d'admettre que tous vos sentiments, sensations, pensées et souvenirs vous fournissent des informations sur la question que vous posez. N'écartez rien, même si cela vous paraît hors sujet.

Bien sûr, il faut par la suite interpréter ces impressions. Mais considérez pour l'instant que votre unique tâche est de noter vos impressions.

L'intuition établit un dialogue avec le monde

Dans la pensée occidentale traditionnelle, les réponses viennent après les questions. Avec l'intuition, les questions suivent les réponses. Une question va engendrer une ou plusieurs impressions qui amèneront d'autres images et d'autres questions qui, à leur tour engendreront encore d'autres questions — même des questions que vous n'avez pas pensé à poser.

Par exemple, si quelqu'un vous demande dans combien de temps son ami va lui faire une demande en mariage, peut-être recevrez-vous l'image d'un lac. D'autres questions se posent alors : de quelle période de l'année s'agit-il ? Quelle moment de la journée ?

Quand vous n'obtenez pas de réponse à une question en cherchant dans une direction, il suffit souvent de changer de direction pour que les réponses se présentent. Pour continuer avec le même exemple : si vous n'obtenez pas d'impressions sur la période de l'année avec l'image du lac, posez une autre question : quels vêtements portera la personne au moment de la demande en mariage ? Est-ce que ce sera avant Pâques ? Avant les grandes vacances ? Et ainsi de suite.

Qu'une impression en suggère d'autres, comme aux dominos

En un sens, aucune question ne peut être posée sans en générer d'autres. Les impressions et les questions s'enchaînent mais de façon non linéaire plutôt que dans une suite rigide ce qui suggérerait que c'est votre esprit raisonnant et non votre esprit intuitif qui est à l'œuvre.

Par exemple, vous pouvez recevoir l'image intuitive d'une cuisine, puis d'un couteau puis d'un sentiment de peur. Remarquez la différence entre cet enchaînement et une suite plus logique qui aurait pu vous amener de la cuisine aux fourneaux ou au dîner.

LA PARTIE CRÉATIVE DE L'INTUITION

Ce n'est pas par hasard si les rêves se présentent à nous sous forme d'histoires. La structure inhérente du conte est probablement programmée dans nos cerveaux. Peut-être même a-t-elle quelque chose à voir avec l'expérience de la conscience. Cependant, comme je l'ai dit plus haut, l'une des différences entre les rêves et l'intuition est la nature fragmentaire des impressions intuitives que nous sommes obligés de pousser un peu pour qu'elles gagnent en cohérence et en sens.

Vous avez sans doute remarqué que dans bon nombre des exercices que nous avons faits jusqu'à présent, vos perceptions initiales en réponse à une question entraînaient d'autres perceptions. Apprenez à « suivre » vos perceptions sans les « forcer ».

Ne vous inquiétez pas si le fait de créer une histoire vous donne le sentiment que vous « inventez » quelque chose. Lorsque nous étions enfants, on nous mettait toujours en garde : il fallait « dire la vérité » et non pas « inventer » des histoires. Mais nous sommes précisément souvent obligés de raconter des histoires pour dire la vérité. Nous reparlerons de cela en détail un peu plus loin. Pour le moment, l'exercice suivant va vous aider à retrouver cette partie naturelle de votre esprit d'enfance.

EXERCICE 15
LAISSEZ VOS IMPRESSIONS CRÉER UNE HISTOIRE

Vous trouverez dans les pages suivantes la question à laquelle vous allez répondre en faisant cet exercice. Respirez profondément et laissez une image monter en vous. Si aucune image ne vous vient à l'esprit, faites comme si vous voyiez quelque chose et notez ce que vous « voyez ».

Laissez maintenant cette image raconter une histoire à propos d'elle-même. Notez l'histoire tandis que vous suivez intuitivement la narration.

Vous n'avez pas d'effort à faire. Laissez simplement l'image vous emmener dans son histoire. Continuez pendant quelques minutes jusqu'à ce que l'histoire s'arrête naturellement.

Lorsque vous aurez terminé, posez-vous les questions suivantes à propos de l'histoire :

— A quoi vous faisait penser l'image de départ ?
— Comment était la dernière image ou histoire par rapport à la première ?
— Y avait-il beaucoup de mouvement ou de changement entre la première image et la dernière ?
— Quelles qualités décrit ce mouvement ?

Ne soyez pas troublé si vos images changent selon ce que vous avez vécu dans la journée ou selon votre état d'esprit. Votre inconscient utilise ce qui se présente le plus facilement à lui pour fournir des informations correctes.

Lorsque vous aurez terminé cet exercice, allez voir plus loin à quelle question vous avez répondu. N'oubliez pas de tout noter dans votre carnet.

QUELQUES MOTS À PROPOS DE CET EXERCICE

Tout dans la vie change ou est perçu comme un changement. Que savez-vous sur la direction, le sens ou l'« énergie » de votre question maintenant que vous avez fait cet exercice ? Votre « histoire » vous rappelle-t-elle d'autres schémas ou situations de votre vie ?

L'EXERCICE D'UN ÉLÈVE

Voici l'histoire qu'a écrite un élève qui était brouillé avec son frère depuis plusieurs années. Sa question — et donc celle à laquelle il répondait sans le savoir — était : « Mon frère et moi allons-nous parvenir à résoudre nos désaccords ? »

Un visage de vampire avec une chevelure blanche qui donne le frisson. Mais, en regardant de plus près, je vois le visage de quelqu'un que j'aime et que je suis heureux d'avoir retrouvé. Je ne peux pas rencontrer cette personne et cette personne ne peut pas non plus me rencontrer. Mais nous pouvons néanmoins avoir des contacts et établir une relation en restant chacun dans notre monde.

Voici comment il a interprété son histoire une fois qu'il eut pris connaissance de la question :

L'image de départ m'a fait penser à ce célèbre film d'horreur, La nuit des morts vivants. *J'ai reconnu dans la dernière image le lien positif et profond que j'avais avec l'image de départ ainsi que mon désir et ma capacité à dialoguer avec. Il y avait beaucoup de mouvement intérieur entre la première image et la dernière mais le mouvement extérieur était bloqué. La communication promettait l'évolution de la dernière image qui avait gagné quelque chose par rapport à la première. J'ai aussi senti que la dernière image pouvait retourner à la première pour être conseillée. Cela me fait penser au dicton : « L'enfant est le père de l'homme. » Les qualités qui décrivent le mouvement sont la perspicacité, la capacité à observer les choses en profondeur, à reconnaître la beauté en toute chose, à quitter les principes de départ pour y revenir.*

Je dirais que mon frère et moi allons réussir à résoudre nos désaccords en respectant le fait que nous ne pouvons pas partager le même point de vue. J'ai l'impression que ce conflit peut en dernier ressort s'avérer positif pour l'évolution de notre relation. Nos sujets de bagarre sont toujours les mêmes depuis notre enfance. Peut-être avons-nous besoin d'acquérir de la maturité dans nos relations, de laisser notre passé commun renforcer nos relations, sans nous attendre à pouvoir faire les mêmes compromis que lorsque nous étions enfants. Le visage de vampire m'évoque le fait que j'ai tendance à angéliser mon frère lorsque nous sommes d'accord et à le diaboliser dans le cas inverse. Je suppose que je ne suis plus le grand frère qui peut imposer ses idées à son cadet.

UN CONSEIL

Les impressions intuitives peuvent fournir davantage d'informations que ne le demandait la question posée. Cherchez donc les différents niveaux de signification lorsque vous faites votre interprétation.

Réponse à l'**exercice 15** : vous répondiez à votre 3e question.

- 17 -

VOTRE PREMIÈRE INTERPRÉTATION INTUITIVE EN SOLO

SE LANCER

Apprendre à vous servir de votre intuition n'est pas la même chose que d'apprendre à jouer du piano où il faut des semaines d'entraînement avant de pouvoir jouer un morceau simple. Il n'y a pas de meilleur moyen pour vous servir consciemment de votre intuition que de vous lancer et de faire votre interprétation intuitive.

Les exercices que nous avons fait jusqu'à présent, c'était comme apprendre à faire du vélo avec des stabilisateurs.

Mais souvenez-vous que ceci est un livre pratique. Il est temps maintenant que vous fassiez l'expérience de l'intuition. L'exercice suivant est l'un de ceux que j'utilise au cours de mes stages. Il vous oblige à répondre à des questions intuitivement plutôt que linéairement en limitant votre recours aux données empiriques. Dans les chapitres suivants, vous apprendrez des moyens plus formels de recueillir et d'interpréter des données intuitives. Cependant, les résultats de ce simple exercice d'introduction vous étonneront sans doute.

Souvenez-vous, vous êtes déjà intuitif. Il vous faut simplement renouer le contact avec cette partie de vous-même. Croyez-moi, vos facultés intuitives vont vous étonner, même à ce stade précoce.

UNE APRÈS-MIDI AUX COURSES

La toute première fois que je suis allée aux courses, j'avais pris vingt dollars avec moi pour les jouer. Je n'y connaissais absolument rien aux chevaux de course et j'ai simplement suivi un turfiste expérimenté. Il connaissait tout des chevaux et de leurs performances selon les conditions, la nature du terrain, etc. Il était donc convaincu de faire ses choix d'après des données sûres, basées sur des faits.

Nous sommes arrivés à l'hippodrome juste à temps pour la troisième course. Nous avons pris notre tour dans la longue queue devant le guichet et mon ami se mit à étudier la liste des chevaux. Soudain, j'eus la vision d'une jeune fille qui courait dans une prairie verte. En jetant un coup d'œil à la liste de mon ami, j'ai repéré un cheval qui s'appelait Miss Trèfle. J'ai mis dix dollars sur ce cheval. Mon ami turfiste fut amusé par la « subjectivité » de ma démarche et me taquina sur le fait que je plaçais la moitié de mon argent sur une si faible probabilité de gagner.

Inutile de vous préciser que Miss Trèfle gagna la course avec plusieurs longueurs d'avance.

Ce jour-là marqua pour moi le début d'une relation assez profitable avec les champs de course. Bien que je ne voie pas juste à chaque fois, je repars généralement avec un gain intéressant.

L'exercice suivant va vous montrer que vous pouvez vous aussi prédire les gagnants d'une course de chevaux.

UN EXERCICE EN QUATRE PARTIES

Je vais vous accompagner au cours de cet exercice. Je l'ai divisé en quatre parties pour faciliter les choses et que nous puissions en parler. Mais, au fur et à mesure que vous progresserez, ces parties se fondront naturellement l'une dans l'autre. Faites les quatre parties de l'exercice sans vous interrompre car cela pourrait nuire à votre concentration.

Votre but est de me dire, autant que faire se peut, le nom du cheval que j'ai choisi comme gagnant de la course. Le nom des chevaux vous sera donné au cours de l'exercice et le nom du gagnant quelques pages plus loin. Étant donné que vous n'aurez aucun indice d'aucune sorte, vous serez bien obligé de vous en remettre à votre seule intuition. Faites-lui donc confiance et sachez qu'elle peut avoir accès à tout ce que vous voulez savoir à propos du nom de ce cheval.

Ne trichez pas. Si je vous le demande, c'est parce que je sais que vous serez tenté de le faire. Permettez-moi d'insister, n'allez pas jeter un coup d'œil à la réponse avant d'avoir terminé l'exercice.

VOICI CE DONT VOUS AUREZ BESOIN

Comme d'habitude, vous aurez besoin d'un crayon, de votre carnet et d'un magnétophone. Organisez-vous car il vous faudra environ quinze minutes sans interruption pour faire cet exercice. Il est important que vous ne soyez pas perturbé par quelque chose qui vous déconcentrerait. Décrochez le téléphone ou baissez le son du répondeur pour ne pas être gêné par les messages.

Enfin, il faut que vous soyez déterminé à travailler comme si vous saviez déjà comment faire quelque chose que de toute façon vous savez déjà — et que d'ailleurs vous avez déjà fait au cours de nombreux exercices.

EXERCICE 16
AUX COURSES

Vous allez bientôt voir la liste des neuf pur-sang d'une course. Le nom du gagnant se trouve quelques pages plus loin.

Quel cheval a gagné la course ? Vous n'allez recevoir aucun indice sur la bonne réponse si ce n'est ce que vont vous dire vos impressions intuitives.

Il est préférable d'enregistrer ses réponses pour suivre le cours de ses impressions. Sinon, demandez à un ami de les noter pour vous ou bien efforcez-vous d'écrire le plus vite possible.

PREMIÈRE ÉTAPE : SE CONCENTRER

Respirez profondément et, en expirant, suggérez-vous que toutes les pensées, images, sentiments, bruits ou sensations que vous allez avoir dans les prochaines minutes contiennent des informations sur le nom du gagnant que vous aurez choisi.

Remarquez bien que la question porte sur le nom du cheval et non pas sur le cheval lui-même. Comme nous l'avons dit plus haut, il est capital de formuler la question avec précision. Si vous vous interrogez sur le cheval plutôt que sur son nom, vous risquez de recevoir des impressions intuitives sur sa crinière ou le style de son galop !

DEUXIÈME ÉTAPE : NOTEZ VOS PREMIÈRES IMPRESSIONS

A nouveau, respirez profondément et laissez votre corps se détendre. Commencez à parler dans votre magnétophone, à votre ami ou bien notez vous-même vos impressions le plus rapidement possible. Dites tous vos souvenirs, sentiments, pensées, images ou toute autre impression qu'évoque pour vous le nom du gagnant. Notez tout, même ce que vous considérez comme des interférences.

A nouveau, respirez profondément et laissez votre inconscient vous donner des symboles, des lettres, des noms, des sentiments ou des explications sur le nom du gagnant de la course.

Il n'y a pas de bonne ou de mauvaise réponse. Laissez le nom du cheval que j'ai choisi comme gagnant venir à vous sans effort. Si vous sentez que vous avez un blocage, respirez profondément et continuez.

Vous pouvez parler aussi longtemps que vous le souhaitez. Mes élèves parlent en moyenne pendant trente secondes, parfois un peu plus parfois un peu moins. A un moment donné, vos impressions vont se tarir naturellement et vous pourrez arrêter.

Le moment n'est pas encore venu d'interpréter ou d'analyser vos impressions. Par exemple, si vous recevez une impression de soleil, ne dites pas : « J'ai une impression de soleil, donc ce doit être un endroit où il fait chaud... » Ce n'est qu'à l'étape suivante que vous allez interpréter vos impressions.

Laissez vos impressions vous parler du nom du gagnant. Ne vous attendez cependant pas à ce que vos impressions parlent de chevaux ni même de noms. Il est tout à fait possible d'avoir des impressions intuitives très justes sans qu'il soit aucunement question de chevaux.

Noter ses impressions intuitives c'est comme jouer à la charade : vous donner des indices à votre partenaire, sans jamais prononcer le nom de la chose à trouver. Tous les indices doivent être indirects ou mimés. Il en va de même ici où ce sont des indices que vous cherchez et non une information directe.

TROISIÈME ÉTAPE PASSER VOS IMPRESSIONS EN REVUE POUR EN DÉGAGER DES THÈMES

Une fois que vous aurez fini de noter vos impressions initiales, passez les en revue. Quels thèmes s'en dégagent ? Y a-t-il des lettres qui reviennent plus que d'autres ? Sentez-vous des couleurs particulières ? Y a-t-il des mots qui décrivent quelque chose d'une manière ou d'une autre ?

Notez vos interprétations.

QUATRIÈME ÉTAPE : REGARDEZ LES CHOIX POSSIBLES

Maintenant que vous avez noté vos impressions, regardez la liste des chevaux.

1. Rose rouge
2. Bâtiment de Guerre
3. Tonnerre qui Gronde
4. Blanche Neige
5. Champ de Rêves
6. Sentier des Indiens
7. Maître de Danse

8. Vive le Vent
9. Petite Sirène

Y a-t-il un nom qui corresponde à vos indices ? Lequel de ces noms correspond le mieux à vos notes ?

Ne vous attendez pas à un accord parfait entre un nom et vos notes. Beaucoup d'élèves trouvent le nom du gagnant alors que leurs indices n'ont apparemment rien à voir avec leur choix.

Écrivez votre premier choix. Pensez à tout noter dans votre carnet d'intuition.

CE N'EST PAS PLUS COMPLIQUÉ QUE CELA

Vous venez de terminer votre première interprétation intuitive en solo. Au chapitre suivant, nous allons revenir sur vos impressions intuitives. Si vous trouvez que le suspense a assez duré, tournez la page pour lire le résultat de la course. Comme pour une vraie course, j'ai aussi choisi le nom des chevaux arrivant en seconde et troisième position. Comparez votre résultat avec les trois noms. Même si votre gagnant n'arrive qu'en troisième position, c'est un bon résultat.

Réponse à **l'exercice 16** : les chevaux sont arrivés dans l'ordre suivant : Sentier des Indiens, Maître de Danse, Petite Sirène.

- 18 -

A PROPOS DE VOTRE PREMIÈRE INTERPRÉTATION INTUITIVE EN SOLO

ET LE GAGNANT, C'EST...

Si vous ne l'avez pas encore fait, regardez le nom du gagnant. Comparez vos impressions intuitives avec le nom des trois chevaux gagnants. La plupart des gens qui font cet exercice sont frappés de la précision de leur intuition ; ils trouvent également amusant de voir comment leurs goûts personnels et leurs schémas psychologiques sont révélés dans cet exercice. Je suis certaine que c'est également votre cas.

LA PERFECTION N'EST PAS DE CE MONDE

Si vos réponses semblent erronées, ne vous découragez pas. C'est que vous venez tout juste de renouer contact avec le « goût sauvage » de votre intuition. Il faut généralement un peu d'entraînement pour cerner son style intuitif.

Avez-vous remarqué une différence dans la manière dont vous avez reçu vos « bonnes » et vos « mauvaises » impressions ? Vos impressions intuitives « véritables » étaient-elles plus précises que celles que vous avez « imaginées » ? La plupart des gens sont étonnés de découvrir que leurs impressions étaient généralement justes, même celles qu'ils pensaient avoir « inventées ».

Je suis également prête à parier que vos réponses étaient plus justes que vous ne l'avez réalisé. Pour le démontrer, puisque je n'ai pas vos impressions sous les yeux, analysons les impressions de deux personnes. (J'avais noté mes impressions avant de regarder les noms que j'avais choisis.)

Les impressions d'une élève

Ça a une espèce de couleur brun clair, un peu crème. Le nom a quelque chose à voir avec les éléments, les éléments et une couleur, le bleu du ciel par exemple. Je perçois également quelque chose qui se rapporte à l'eau, quelque chose qui se rapporte au soleil couchant. L'espèce de couleur brun clair, un peu crème, c'est très fort.

Mes impressions

La première impression que je reçois, c'est une sensation de bleu foncé. Je vois des voiles battre au vent. Et la lettre *b*. Quelque chose qui fait deux. Pas le chiffre deux mais des images qui se reflètent l'une l'autre. Et une plume.

Il est intéressant de noter que nous avons tous deux choisi la même couleur, du bleu, même si cela n'a apparemment rien à voir avec un cheval gagnant. Je le répète, l'information intuitive ne veut pas toujours dire quelque chose.

C'est sans honte que je peux dire que mon élève a choisi le cheval gagnant alors que moi j'ai choisi Tonnerre qui Gronde. Elle m'a dit que c'est à cause du brun clair qu'elle avait choisi Sentier des Indiens car elle associe cette couleur aux Indiens.

En relisant mes impressions, il m'apparaît que j'ai ressenti plusieurs chevaux. Le bleu foncé se rapporte à Petite Sirène. Le vent dans les voiles à Vive le Vent et le *b* à Bâtiment de Guerre. Les images qui se reflètent l'une l'autre pourraient suggérer Maître de Danse. Si je m'étais davantage concentrée sur la plume, j'aurais pu choisir Sentier des Indiens. Franchement, je ne pourrais pas dire pourquoi, avec les indices que j'avais, j'ai choisi Tonnerre qui Gronde.

CHERCHER DES VÉRIFICATIONS

Puisque vous devez commencer à mieux sentir votre style intuitif, essayez de déterminer le genre d'informations que vous avez reçues. Vos impressions se sont-elles manifestées plutôt sous forme de lettres ou plutôt sous forme de mots entiers ? Quelle était la sensation dominante ?

Regardez également la manière dont vous avez interprété (dans mon cas, mal interprété) vos impressions. Peut-être ai-je été troublée par le fait que j'ai ressenti plusieurs chevaux. Peut-être aurais-je dû me concentrer là-dessus et me poser des questions pour éclaircir les choses et trouver des poteaux indicateurs. Vous vous souviendrez que nous avons parlé de cela au chapitre 15.

Avant de vous précipiter à l'hippodrome le plus proche

Ne pariez pas sur les chevaux que vous avez choisis avant d'avoir acquis un peu d'expérience. En effet, le fait de miser de l'argent fait intervenir beaucoup de facteurs inconscients (peur de perdre, peur de gagner, cupidité) pouvant gêner le flot des informations intuitives.

Cet exercice est une manière amusante (et potentiellement lucrative) de pratiquer votre intuition sur quelque chose de concret d'une manière contrôlée. Il vous permet également de vérifier immédiatement la précision de vos impressions intuitives et de leur interprétation.

Mais lorsque vous mettez cela en pratique sur le terrain, vous devez être précis. Commencez par choisir l'hippodrome sur lequel vous allez travailler. Choisissez ensuite une course particulière.

- 19 -

L'INTUITION PEUT VOUS RENSEIGNER SUR *N'IMPORTE QUOI*

L'INFORMATION INTUITIVE EST OBJECTIVE

Peut-être parce qu'elle s'exprime souvent par symboles, qu'elle ne nous fournit que des fragments de réalité et qu'elle procède de façon non linéaire, l'intuition est souvent reléguée au rang de la « subjectivité ». Dans les faits, le praticien de l'intuition insiste sur une vérification extérieure avec autant de rigueur qu'un scientifique dans ses méthodes de travail.

Même Einstein, incontestablement l'un des hommes les plus intelligents de l'époque moderne, admettait que la vérité scientifique se manifestait d'abord intuitivement et n'était vérifiée par la logique que dans un deuxième temps. Comment un individu choisit-il, parmi la masse d'informations virtuellement infinie qu'il a à sa disposition, ce qui le conduira le plus sûrement à ce qu'il cherche ? Eh bien, c'est l'intuition qui guide le chercheur dans ses hypothèses, le détective dans ses indices et le médecin pour poser son diagnostic.

L'INTUITION EN ACTION
L'ANECDOTE D'UNE ÉLÈVE

J'ai commencé à étudier l'intuition il y a dix ans. A cette époque, j'étais mariée à un homme plus âgé que moi, qui avait une agence immobilière qui marchait très bien. Je ne me sentais pas prête à avoir des enfants, j'étais aidée dans mes tâches ménagères et je commençais à être lassée du shopping. En fait, je m'ennuyais et j'étais de plus en plus déprimée. J'ai trouvé une activité de bénévole et je me suis aussi inscrite à un cours sur l'intuition qui avait lieu une fois par mois.

Pour le premier cours, nous avons fait un exercice qui consistait à tenir un objet appartenant à quelqu'un d'autre et à « inventer » une histoire à propos de la vie de cette personne.

La personne qui avait l'objet m'appartenant a raconté une version de la célèbre histoire du prince et du pauvre qui s'échangent leur rôle grâce à leur mystérieuse ressemblance. Chacun pense que la vie de l'autre est préférable mais ils ne tardent pas à regretter la vie qu'ils ont respectivement quittée.

Dans sa version, cette personne s'était un peu éloignée de l'original en remplaçant les deux garçons par deux filles. Elle raconta que la fille pauvre avait toujours joué un rôle important dans sa famille grâce à l'ingéniosité qu'elle déployait pour l'aider à traverser les périodes difficiles. Maintenant qu'elle était riche, elle n'avait plus aucun sentiment d'appartenance à aucune famille parce qu'il lui suffisait de donner de l'argent à sa propre famille pour la tirer d'affaire et que le « royaume » de son mari fonctionnait très bien sans elle.

Un nom codé avait été attribué à l'objet personnel de chaque personne du cours, de telle sorte que les interprétations intuitives restent anonymes sauf pour la personne à qui appartenait l'objet. J'étais vraiment très soulagée de cet anonymat car si au départ j'avais trouvé le principe ridicule, je me suis sentie très éprouvée par l'histoire qui a été racontée à propos de mon objet.

J'ai quitté le cours avec un grand sentiment de solitude et je ne me souviens même pas du travail que j'ai fait sur l'objet qui m'avait été confié.

J'ai continué à assister à ce cours sur l'intuition. Au bout d'un an, j'ai commencé à attendre avec impatience le jour du cours car j'avais davantage confiance en moi et les autres élèves me demandaient souvent mes impressions intuitives sur telle ou telle chose. Parfois, lorsque mon mari me parlait d'une transaction immobilière, je lui donnais mes impressions. J'étais tellement heureuse d'avoir trouvé une occupation qui suscite son intérêt.

Les mois ont passé. Mon mari et moi avons réalisé que mes impressions intuitives étaient souvent une aide précieuse et il me confia de plus en plus de questions délicates à résoudre. Désormais, mes impressions intuitives sont prises en compte dans toutes les décisions de l'agence et j'apprends à chaque nouvelle personne que nous embauchons à se servir de son intuition dans les prises de décision.

LES INFORMATIONS INTUITIVES SONT *TOUJOURS* JUSTES

L'erreur la plus répandue à propos de l'intuition, c'est que d'une certaine manière, elle ne se trompe jamais. Mais souvenez-vous qu'il s'agit d'un processus en deux parties : recevoir l'information et l'interpréter. Bien que les informations intuitives que nous recevons soient toujours justes, il faut ensuite que nous les interprétions. Et cette interprétation est bien évidemment sujette à l'erreur humaine.

L'INTUITION NE CONNAÎT PAS DE LIMITES

Contrairement à nos sens physiques et à notre faculté de raisonnement, l'intuition n'est limitée ni dans le temps ni dans l'espace. Votre intuition peut vous renseigner sur des choses qui ne se sont pas encore produites, sur des lieux où vous n'êtes jamais allé. En ce sens, l'intuition est « l'art des idiots » puisqu'il n'est pas nécessaire d'être cultivé dans un domaine particulier pour que l'intuition nous renseigne sur ce domaine. Et on n'a pas besoin non plus de *comprendre* les impressions que l'on reçoit.

Prenons l'exemple d'un mécanicien qui viendrait consulter votre intuition à propos d'une panne qu'il n'arrive pas à trouver.

Même si vous n'y connaissez rien à la mécanique, vous lui transmettrez des sentiments, des images, des mots que lui pourra interpréter et qui l'orienteront vers la nature de la panne.

Pourquoi je ne suis pas parfaite

On me dit souvent : « Puisque vous êtes tellement intuitive, comment se fait-il que vous n'ayez pas toutes les réponses ? » La réponse est simple : si je n'ai pas toutes les réponses, c'est que je n'ai pas toutes les questions. Ceci est particulièrement vrai dans le cas où l'information intuitive reçue est simplement un non, un oui ou un nom. Sans contexte pour interpréter cette information « nue », le praticien de l'intuition doit avoir recours à la déduction pour vérifier si la question posée est bien celle à laquelle il répond.

Alors qu'une décision prise sur des bases empiriques demande une connaissance étendue du sujet, l'intuition n'a besoin que d'une question. En fait, plus vous en savez sur un sujet ou plus il constitue pour vous un fort attachement affectif, plus vos sentiments vont parasiter tant la réception que l'interprétation des données intuitives. C'est l'une des raisons pour lesquelles il est plus facile d'être clair pour les autres que pour soi-même.

L'avocat du diable

Attendez un peu ! Vous dites bien que puisque mon intuition n'a pas de limites, je connais la réponse à n'importe quelle question ?

Oui, c'est exactement ce que je dis. Ou, plus précisément, je dis que votre intuition vous donne accès à toutes les réponses, ce qui n'est pas tout à fait la même chose que de tout savoir. L'astuce étant de savoir poser les bonnes questions.

Si votre esprit rationnel a du mal à admettre que votre intuition puisse répondre à n'importe quelle question, essayez de *prétendre* que c'est néanmoins le cas. En d'autres termes, faites comme si vos impressions intuitives étaient la réponse correcte aux questions que vous posez consciemment ou inconsciemment à votre intuition. Je vous promets que vous ne tarderez pas à ne plus avoir besoin de faire comme si : les confirmations que vous recevrez renforceront votre confiance.

- 20 -

Comprendre la spécificité de votre vocabulaire intuitif

Pour avoir un sens, les impressions intuitives doivent être traduites et interprétées

On croit souvent à tort que l'intuition nous parle par phrases entières, grammaticalement correctes, ou par une suite d'images montées comme dans un film. Concernant l'intuition, le cliché habituel fait généralement référence à la mère qui sent soudain que son petit garçon est tombé de la balançoire dans la cour de l'école. Un peu plus tard, un coup de téléphone confirme ses craintes.

Mais une telle corrélation entre une sensation intuitive et sa confirmation est excessivement rare. C'est d'ailleurs l'une des raisons pour lesquelles les gens perdent le contact avec leur intuition : ils s'attendent à ce qu'un processus essentiellement symbolique soit littéral. Comme vous l'avez déjà sans doute remarqué, l'intuition s'exprime indirectement, par fragments et par symboles. Ce processus de traduction s'opère en grande partie dans l'inconscient.

Votre expression intuitive dépend du mode selon lequel elle fonctionne :

— la *clairvoyance* est souvent littérale et ne demande que peu de traduction ;

— le *clairsentir* est souvent très figuratif ;
— le *clairentendre* semble souvent littéral. Dans ce cas, le processus de traduction est parfois tellement instantané que vous avez conscience d'un mot ou même d'une phrase.

En tant que débutant, vous resterez conscient pendant un certain temps du processus de traduction. Mais, au fur et à mesure que vous acquerrez pratique et expérience, ce processus deviendra virtuellement instantané. C'est un processus comparable à l'apprentissage d'une langue étrangère. Au début, vous traduisez consciemment à partir de votre langue maternelle ce que vous avez à dire. Puis, progressivement, vous apprenez à vous exprimer naturellement dans cette langue.

Bien que les informations intuitives soient souvent reçues de façon très claire, il arrive tout aussi fréquemment qu'elles soient reçues par fragments de voix, d'images, de sensations. Il faut alors assembler ces fragments pour qu'ils forment un tout cohérent et signifiant. Il s'agit là d'un processus délicat et sujet à erreurs.

Disons par exemple qu'en réponse à plusieurs questions, vous receviez l'image d'une vieille voiture ayant appartenu à votre père. C'est peut-être la manière qu'a votre intuition de vous parler de quelqu'un qui s'appelle Ford. Et pour quelqu'un d'autre, bien sûr, une vieille voiture peut avoir une signification totalement différente.

UN EXEMPLE SIMPLE

Afin de bien vous faire prendre conscience des problèmes qui peuvent survenir dans l'interprétation d'une information intuitive très simple, voyons ce que pourrait signifier pour vous le son de la lettre *s*.

Peut-être tout simplement la lettre *s* mais aussi :

— si (la note de musique)
— oui en espagnol
— le si d'une condition
— quelque chose en forme de *s*

Il faut ensuite chercher des poteaux indicateurs pour voir laquelle de ces significations est la bonne. Je pense cependant que cet exemple montre bien que la réception d'informations intuitives n'est que la première étape lorsqu'on veut se servir utilement de son intuition.

L'étape suivante, comme nous l'avons vu à plusieurs reprises, consiste à rassembler les informations pour en découvrir le sens. Au début, c'est à cette seconde étape que les gens se trompent le plus.

VOUS SEUL POUVEZ INTERPRÉTER VOS SYMBOLES

Quel est votre symbole pour la grossesse ? L'un des mes élèves était très doué pour connaître intuitivement les futures grossesses. Son symbole ? Une fenêtre, symbole qui a sans nul doute pour vous a une signification différente.

Un même symbole peut d'ailleurs avoir des significations complètement opposées pour deux personnes différentes. Parce que je suis citadine, l'image de quelqu'un tout seul dans une barque au milieu d'un lac au clair de lune est pour moi signe de danger. Pour quelqu'un qui a été élevé à la montagne, la même image pourra être paisible ou romantique.

De plus, le même symbole peut avoir des significations différentes selon le contexte. La couleur rouge, par exemple, peut signifier le sang et la mort dans un certain contexte et l'amour dans un autre.

POURQUOI LES DICTIONNAIRES DES SYMBOLES NE FONCTIONNENT PAS ET POURQUOI VOUS DEVEZ RÉDIGER LE VÔTRE

Si les dictionnaires des symboles et les livres sur l'interprétation des rêves sont souvent décevants, c'est que, même s'il existe des archétypes communs à un grand nombre d'individus, les images les plus puissantes et les interprétations les plus pertinentes nous sont propres.

L'une des premières étapes dans le développement de l'intuition est donc l'apprentissage de son propre langage symbolique. Avec de l'entraînement, vous apprendrez que certains symboles et certaines expressions sont pour vous le signe de telle et telle chose. Vous pouvez par exemple découvrir que l'image du soleil est pour vous un oui sûr à chaque fois. Ou que lorsque le visage de votre oncle Joël vous apparaît, c'est que vous faites fausse route.

Au fur et à mesure que vous exercerez votre intuition, vous allez vous familiariser avec votre vocabulaire intuitif personnel, vocabulaire qui est toujours cohérent et littéral dans sa signification. Dans la vie de tous les jours, la conscience intuitive peut s'avérer très utile. Ainsi, vous pouvez par exemple être présenté à quelqu'un qui, pour une raison ou une autre, vous fait penser à votre oncle Joël. C'est que votre intuition vient de vous donner un indice sur la confiance que vous pouvez accorder à cette personne.

Remarquez bien les images qui vous viennent à l'esprit ainsi que les événements et les émotions qui y sont attachés. Notez tout cela dans votre carnet et faites-en une habitude de vie.

EXERCICE 17
SE FAMILIARISER AVEC SON VOCABULAIRE INTUITIF

Interrogez-vous sur votre symbolisme sensoriel.

— Que ressentez-vous quand quelqu'un vous dit non ?
— Que ressentez-vous quand vous êtes heureux ?
— Qu'est-ce que pour vous une image positive ? Une image négative ?
— Quelle odeur trouvez-vous désagréable ? Agréable ?

Notez vos réponses sous l'en-tête exercice 17 dans votre carnet d'intuition.

- 21 -

Donner un cadre à votre travail sur l'intuition

De l'utilité d'un peu de structure

Avant d'acquérir la maîtrise de votre intuition, il est bon d'avoir une « structure » dans laquelle vous puissiez situer vos impressions intuitives. L'exercice suivant, en fixant des limites, permet de mettre en place une progression dans le temps de vos impressions intuitives en réponse à une question.

J'ai choisi un carré pour la simple raison que c'est une forme facile à visualiser. Si vous avez malgré tout des difficultés à visualiser un carré, dessinez-en un sur une feuille de papier. Une scène se passe dans chacun des angles du carré. Commencez par l'angle en bas à droite que nous allons appeler l'angle 1 (mais vous n'avez pas besoin de vous en souvenir, votre inconscient le mémorisera pour vous). Ce premier angle représente ce qui se passe en ce moment en référence à une question. Progressons dans le sens des aiguilles d'une montre jusqu'à l'angle 2, en bas à gauche, où vous trouverez ce qui va se passer en référence à une question. Dans l'angle 3, en haut à gauche, vous verrez l'évolution à partir de la scène précédente. Enfin, dans l'angle 4, vous trouverez comment tout cela va vous changer vous ou le sujet de votre question.

Voici les quatre angles en résumé. Mais, je le répète, faites confiance à votre inconscient : il mémorisera le plan de ce carré.

Angle 1 — ce qui se passe en ce moment
Angle 2 — ce qui va se passer
Angle 3 — l'évolution à partir de la scène précédente
Angle 4 — comment tout cela va vous changer vous ou le sujet de votre question.

QUELQUES QUESTIONS DONT IL EST BON DE SE RAPPELER

Faites bien attention au temps que vous mettez pour passer « en réalité » d'un angle à l'autre. Efforcez-vous également d'obtenir des noms de personnes ou de lieux à chaque angle, que vous les trouviez ou non pertinents à votre question. Regardez le temps que vous restez dans chaque angle. Remarquez si quelque chose appartient au passé, au présent ou à l'avenir ainsi que la manière dont vous le remarquez.

Tandis que vous passez d'un angle à l'autre, de nouvelles questions vont surgir. Remarquez-les. Ces questions peuvent changer ou non à chaque question intuitive. Par exemple, en entrant dans l'angle 1, vous pouvez demander quelles personnes sont là. Ceci est simplement une question d'orientation générale ; il y en a beaucoup d'autres.

Si vous voulez procéder de façon plus systématique, vous pouvez avoir une liste de questions que vous posez à chaque angle. Par exemple :

— Où suis-je ?
— Qui est avec moi ?
— Que se passe-t-il autour de moi ?
— Qu'est-ce que je ressens ?

etc.

Le *je* de ces questions est simplement une métaphore. Disons par exemple que je reçoive la sensation d'avoir le pied gauche dans l'eau en réponse à la question « Où suis-je ? » Si le sujet est la construction d'un bâtiment, cela peut vouloir dire : « Attention que le côté gauche du bâtiment ne soit pas construit sur une nappe d'eau souterraine. »

DEUX EXEMPLES

Les deux exemples suivants sont des impressions intuitives d'élèves le premier jour d'un stage de deux jours destiné à des gens sans expérience préalable de l'intuition.

Comme vous l'avez fait vous-même dans ce livre, chaque élève a posé trois questions importantes dont il ou elle voulait avoir la réponse pendant le stage. Et, comme vous l'avez fait, ils ont répondu plusieurs fois « en aveugle » à leurs questions, c'est-à-dire qu'ils ne savaient pas à quelle question ils répondaient.

Commençons par Marie. (Marie et Henri ne sont bien sûr pas les vrais noms de ces élèves.)

LA QUESTION DE MARIE

Il s'agit d'une psychothérapeute qui avait décidé peu de temps auparavant de se consacrer à ce qu'elle avait toujours voulu faire, écrire des romans. Voici la question à laquelle elle répondait intuitivement « en aveugle » : « Reprendrai-je un jour une clientèle ? »

LES IMPRESSIONS INTUITIVES DE MARY

J'avais divisé l'exercice en deux parties : recevoir les impressions intuitives puis les traduire.

> **Angle 1 :** *Cet angle est sombre avec beaucoup de broussailles des régions du Sud. Négligées. De bonnes choses se sont autrefois passées dans cet endroit. Il y a un magnifique bassin qui ressemble à du cristal quand on le regarde en profondeur. Ce bassin devrait rester un souvenir. Il ne faut pas s'y rendre dans la situation actuelle sauf par le cœur et en rêve comme un souvenir pour créer quelque chose de nouveau. Pour me rendre dans l'angle suivant, il faut que j'accepte de traverser les broussailles et de voir les fleurs de l'autre côté de la vigne. Je ne peux pas — et ne dois pas — traverser le bassin. Il faut simplement que j'affronte les broussailles. Il faut que je laisse mon imagination me porter au fur et à mesure que le terrain changera comme il va très certainement le faire.*

Angle 2 : *Noël ou janvier. De la neige et du givre. Des chants de Noël. Je sens de l'opulence et de la paix dans cet endroit. J'ai l'impression d'avoir de nouveaux enfants, également une légère impression de pays étranger. Un bébé est sur le point d'être conçu. Tout va bien.*

Angle 3 : *Il faut quatre ou cinq mois pour arriver à l'angle suivant ; c'est l'été à Long Island. Je travaille sur de nouveaux projets. Le soleil est chaud, presque brûlant. Jane monte à cheval. Je prends une décision à propos d'un homme. Je décide de revenir mais d'une manière différente. Je suis en paix après avoir pris une décision difficile. Je vois l'achat d'une maison en haut d'une colline, une maison qui est un chez-soi.*

Angle 4 : *J'écris pour de nombreux magazines. Je parle à des gens cultivés. Je suis dans une maison à la campagne. Il y a un autre enfant, deux autour de moi, une fille. J'ai quarante-cinq ans. J'ai écrit deux best-sellers. Maintenant, je veux faire quelque chose de différent. Je m'intéresse aux scénarios. Jane fait de la danse et de la gymnastique. La petite fille s'appellera peut-être Angelica. Je vois un homme aux cheveux noirs. C'est mon ami.*

LA TRADUCTION QUE MARIE A FAITE DE SES IMPRESSIONS INTUITIVES

Comme nous l'avons déjà vu, l'intuition se déroule en deux étapes : recevoir des impressions puis les traduire. Avec de l'entraînement, ces deux étapes se fondent l'une dans l'autre. Au départ cependant, il est plus facile de procéder en distinguant les deux étapes.

Voici donc comment Marie a interprété ses impressions :

Quand je regarde ces images, je m'aperçois qu'aucune ne concerne une clientèle. Elles parlent au contraire de foyer, de maison, de famille et de communication créative. Le premier angle me dit clairement que je ne devrais pas retourner dans le bassin (c'est-à-dire voir des clients) mais le contourner même si le chemin ne paraît guère attrayant. Ma mère est originaire du Sud. Je me demande si les broussailles me suggèrent le Sud parce que j'ai des problèmes à régler avec elle. C'est aussi une bonne métaphore sur ce que je ressens à propos de mon changement d'orientation professionnelle. Je ne m'attendais pas à ce que ce soit si embroussaillé. En un sens, le fait de voir des clients détournait mon énergie de mes propres conflits intérieurs. L'écriture utilise ces conflits et la « mémoire » de la vie de mes clients pour créer quelque chose de nouveau.

Mes images me disent que je vais vouloir me consacrer à ma vie familiale. Je suis prévenue qu'il peut y avoir un moment difficile dans mon couple ce qui, à un certain niveau, ne me surprend pas. Mais je vais maintenant en être plus consciente et faire plus attention. Après avoir reçu ces impressions intuitives, je me sens moins contrainte de reprendre une clientèle et j'ai à nouveau confiance que je suis dans la bonne direction professionnellement. S'il fallait que je reformule la question, je demanderais si je serai un écrivain à succès mais je réalise qu'en fait j'ai déjà répondu à cette question.

La question d'Henri

Il s'agit d'un cadre supérieur d'une quarantaine d'années qui vient d'être licencié et qui a décidé d'engager une procédure judiciaire contre son ex-employeur.

Lui non plus ne savait pas à quelle question il répondait.

Voici la question d'Henri : « Vais-je gagner mon procès contre mon ex-employeur ? »

Les impressions intuitives d'Henri

Angle 1 : *Un tableau noir, d'apparence assez lourde, vierge d'écriture. Les mots commencent à apparaître de façon non pénible. Un pétale de rose rose. J'ai presque envie d'aller directement dans le quatrième angle avant d'aller dans le second. Je vois deux semaines pour aller jusqu'à l'angle suivant.*

Angle 2 : *Tout se met en place comme les morceaux d'un miroir ou de cristal. Paul ou vol. J'espère que vol ne veut pas dire que je vais me faire cambrioler. Je vois un bouton au centre avec deux bras, un peu comme les aiguilles d'une montre. Il faut trois mois pour que les deux bras se rejoignent et un mois de plus pour qu'ils me semblent parfaits. Je vois mon adversaire au centre mais pas comme une menace. Les morceaux du miroir les couperont s'ils vont dans une direction quelconque. Il faut qu'ils aient affaire à moi et je suis le seul à pouvoir les sauver. L'angle suivant arrive simultanément mais est également mon avenir.*

Angle 3 : *Je vois la Californie. Silicon Valley. Je travaille sur un projet important qui me semble à la fois nouveau et familier, comme une vieille idée à moi qui aurait pris une nouvelle forme. Tout va bien. Tout le monde me réclame. Il fait encore frais en Californie du Nord. J'ai participé à l'élaboration d'un produit technologique qui commence à voir le jour. A ce moment-là, les morceaux de verre du deuxième angle deviennent des étoiles filantes qui s'éparpillent en tous sens, très brillantes. Ceci peut se produire avant l'été. J'ai appris à aimer parler en public. Je gagne* *beaucoup d'argent. Mon fils est très mûr et très indépendant pour son âge. Je ne ressens pas le besoin d'aller dans le quatrième angle parce qu'il me ramène simplement au premier.*

Angle 4 : *Je vois un bouquet de fleurs comme celui d'une mariée qui marcherait pieds nus dans l'allée d'un jardin. Je vois mon fils à mes côtés et mon père qui a passé son bras autour de nous deux. Je me sens fort. Karen me retrouve au bout de l'allée.*

LA TRADUCTION QU'HENRI A FAITE DE SES IMPRESSIONS INTUITIVES

Je dirais que la réponse est un oui franc et que je vais gagner mon procès. La réponse interpelle ma peur que nous soyons obligés de déménager pour que je retrouve du travail, ce qui est un problème car ma femme aime beaucoup le poste qu'elle occupe à Boston où nous habitons en ce moment. D'autre part, mes impressions me disent que les choses vont bien se passer pour moi dans mon nouveau travail. L'angle 4 me rassure en me disant que Karen me rejoindra mais la formulation me laisse penser que cela ne se fera pas sans difficultés. Le pétale de rose de l'angle 1 et le bouquet à la fin me disent que je vais gagner mon procès, qui aura été pour moi une véritable croisade morale, et qu'en même temps une nouvelle vie commencera pour moi. Ma mère est tombée malade et, même si je ne veux trop y penser, j'espère que si quelque chose devait lui arriver, mon père choisirait de vivre près de chez nous. Mon fils n'a que dix mois. C'est drôle de le voir marcher à côté de moi mais je suppose que cela arrivera bientôt.

Mes impressions me disent que le procès, dont je souhaiterais voir la fin au plus vite, demandera plus de temps que prévu. J'ai très envie de refaire un tel exercice d'intuition. J'ai le sentiment que je peux ainsi recueillir beaucoup d'informations.

L'INCONVÉNIENT DE LA STRUCTURE

Je le répète, se déplacer autour d'un carré est simplement un moyen de structurer vos impressions pendant que vous vous familiarisez avec votre processus intuitif. Vous pouvez adopter ou inventer d'autres moyens. C'est un bon exercice d'apprentissage.

Souvenez-vous cependant que plus vous structurez vos impressions et plus l'information devient limitée. Au cours des prochaines semaines, efforcez-vous d'assouplir votre approche.

Maintenant, c'est à vous

Bien, maintenant que vous avez compris le principe, je vais vous demander de répondre « en aveugle » à l'une de vos trois questions.

EXERCICE 18
LE TOUR DU CARRÉ

Au bas de la page suivante, vous trouverez le numéro de l'une de vos trois questions. Ne regardez pas la réponse avant d'avoir répondu intuitivement aux quatre angles du carré :

Angle 1 : la situation actuelle
Angle 2 : ce qui va se passer dans l'avenir proche
Angle 3 : l'évolution à plus long terme
Angle 4 : Comment tout cela va vous changer vous ou le sujet de votre question

Vous pouvez maintenant oublier consciemment les angles (votre inconscient s'en souviendra). Notez vos impressions, puis reportez-les dans votre carnet sous l'en-tête exercice 18. Lorsque vous aurez terminé cet exercice, tournez la page pour voir à quelle question vos impressions ont répondu.

Un bref coup d'œil en avant

Le but de ce chapitre était de vous présenter des moyens de structurer vos impressions. Avec un peu d'expérience, vous allez sans aucun doute développer d'autres méthodes, plus adaptées à votre style personnel. Sentez-vous donc libre de faire vos propres expériences. Au chapitre suivant, vous allez commencer à vous familiariser avec le langage que votre intuition utilise pour vous « parler ».

- 22 -

Votre vocabulaire intuitif : quels sont vos marqueurs temporels ?

Parlez-vous du passé, du présent ou de l'avenir ?

Pour des raisons évidentes, il est important de savoir si vos impressions intuitives se réfèrent au passé, au présent ou à l'avenir. Lorsque nous rêvons, tout se passe toujours dans le présent même si le rêve fait référence à un événement passé ou à venir.

L'intuition partage cette simultanéité temporelle. Il faut donc que vous ayez des marqueurs afin de pouvoir cadrer un événement dans la période de temps appropriée. Ces repères seront parfois évidents grâce aux informations données par la réponse. Par exemple, vous voyez la personne sur laquelle vous voulez savoir quelque chose plus vieille qu'elle ne l'est aujourd'hui ou bien vous voyez des événements dont vous savez qu'ils ne se sont pas encore produits ou bien encore quelque chose d'aussi simple que la saison qui précède ou qui suit la saison présente. Si vous ne recevez pas de tels indicateurs, il vous faudra découvrir quels signes votre intuition utilise pour vous faire comprendre si vos impressions concernent le passé, le présent ou l'avenir.

Mes marqueurs temporels sont clairs et tangibles. Les vôtres seront sûrement différents :

Réponse à la **l'exercice 18** : vous répondez à votre deuxième question.

— Si mes informations intuitives se réfèrent au passé, des « sentiments » ou « sensations » y sont généralement associés.
— Si mes informations intuitives se réfèrent au présent, je les reçois avec une impression de détachement comme pour créer une distance permettant l'objectivité.
— Si mes informations intuitives font référence à l'avenir, elles sont souvent empreintes de légèreté comme si je regardais à travers un rideau. Dans ces cas-là, je remarque également que j'ai moins conscience de mon corps ; l'information est moins visuelle, moins tactile, relève davantage d'une connaissance.

L'exercice suivant va vous permettre d'entrer en contact avec vos marqueurs temporels et vous donner une méthode pour concentrer votre attention sur différentes périodes de temps en utilisant des marqueurs physiques.

EXERCICE 19
TROUVER VOS MARQUEURS TEMPORELS

Dans les pages suivantes, vous allez trouver le numéro de l'une de vos trois questions.

Sentez la question telle qu'elle se présente. Notez toutes vos impressions. Pour obtenir un marqueur sensoriel indiquant le présent, croisez vos chevilles afin que votre inconscient apprenne que lorsque vous faites cela, vous voulez vous concentrer sur le présent.

Notez vos impressions. Lorsque vous aurez terminé, décroisez vos chevilles.

Maintenant, portez votre attention sur votre côté gauche : votre main gauche, votre épaule gauche, le côté gauche de votre visage et de votre crâne, etc. Pliez vos doigts de pied gauches. Notez toutes les impressions à propos du passé de cette question.

Notez vos impressions. Lorsque vous aurez terminé, dépliez vos doigts de pied gauches.

Maintenant, portez votre attention sur le côté droit de votre corps. Pliez vos doigts de pied droits. Notez l'avenir de cette question.

Notez vos impressions. Lorsque vous aurez terminé, dépliez vos doigts de pied droit.

Enfin, revenez au présent pour donner conseil. Croisez à nouveau vos chevilles pour indiquer à votre inconscient que vous êtes revenu au présent.

Notez vos impressions. N'oubliez pas de tout consigner dans votre carnet d'intuition.

LA RÉPONSE DE DEUX ÉLÈVES

Dans les deux exemples suivants, j'ai délibérément omis la synthèse que les élèves ont faite de leurs impressions intuitives afin que vous puissiez tirer vos propres conclusions. Même si on n'est jamais si bien servi que par soi-même pour interpréter ses impressions intuitives, un œil extérieur est parfois bien placé pour lire entre les lignes. Essayez.

RÉPONSE 1

Dans quel environnement domestique vivrai-je d'ici un an ?

Le présent : *Rideaux tirés. De beaux rideaux en velours. Le verre des carreaux ? Il regarde au lieu de laisser les gens regarder à l'extérieur. Les rideaux sont devenus le châle d'une personne âgée qui veut se reposer mais n'y arrive pas à cause de son chagrin. Cette personne a le dos voûté. Je l'allonge sur un lit moelleux. Tandis que je me dirige vers le passé, je vois qu'elle est jeune.*

Le passé : *J'ai un sentiment d'intense activité, de colère. Tout va si vite qu'il n'y a pas de temps pour recharger ses batteries. Je réprime un cri. Quand je finis par crier, la vieille peinture et l'ancien papier peint des murs se défont tout autour de moi et révèlent un nouvel intérieur.*

L'avenir : *Je sens le doux balancement d'un lac ou d'un cours d'eau qui m'emporte sans effort vers de nouvelles hauteurs. Je reçois un nom : James. Je vois le mois de septembre.*

Conseil : *Je ressens le besoin d'être organisé et de faire mon travail méthodiquement. Si je reste centré, tout m'aidera. Je ne dois pas rester enfermé dans la nostalgie et l'émotion.*

Réponse 2

Paul et moi réussirons-nous à surmonter nos différences en nous aimant ?

Le présent : *Un objet en plastique blanc, un peu comme une louche, qui se courbe vers la gauche. Je continue à regarder et le manche de la louche se courbe en demi-cercle, me rappelle un vieux chapeau. Le chapeau découpe les traits d'un visage. De nouveaux traits apparaissent. Des cheveux deviennent une bourse fermée par un cordon.*

Le passé : *Les os blancs de la colonne vertébrale de quelqu'un qui tient un bébé dans ses bras. Des pleurs à la naissance. Un enterrement sans dépouille mortelle. La robe de baptême devient une robe de mariée dont on se sert pour le nouvel enfant.*

L'avenir : *Une société solide. Une vieille boîte en bois sculpté, souvenir de famille. Un côté est plein, l'autre vide, pas à cause d'un manque mais simplement afin de pouvoir se remplir dans l'avenir (bien que ce ne soit pas nécessaire).*

Conseil : *Encore quelques étapes à traverser. Tout est prêt. Je pose les bases. Je ne dois pas craindre le changement. Novembre. Maintenant. Ne pas rester spectateur. Agir.*

Exemple d'impressions intuitives et de leur interprétation

Voici maintenant les impressions intuitives d'une élève en réponse à sa question cachée puis l'interprétation qu'elle en a faite.

Le présent : *Un léger balancement qui équilibre la situation. Le bébé veut sans arrêt sortir de son berceau. Le bébé a besoin de suivre le balancement pour acquérir son autonomie.*

Réponse à **l'exercice 19 :** vous répondiez à votre 3ème question.

Le passé : *Noyade. Être obligé de respirer sous l'eau. Apprendre à accepter que ce qui va se produire ne va pas me tuer. Ça sera désagréable mais ça ne me fera pas de mal. Avril.*

L'avenir : *Une liberté amère, l'été, mais la peur de cette liberté dont on ne sait pas où elle mène. S'éloigner de ce qui était cher et découvrir que c'est toujours là, de façon positive. Deux.*

Conseil : *Un vieux livre avec une histoire qui attend d'être racontée. L'automne. Je ne veux pas dire l'arrière-saison. Peur de tomber. Il n'y a pas d'endroit où tomber.*

Voici l'interprétation que cette élève a faite de ses impressions après avoir ouvert l'enveloppe qui contenait sa question : « Amy entrera-t-elle en faculté à la rentrée ? »

Amy veut prendre un an avant d'entrer à l'université. Mon mari et moi y sommes très opposés. Amy n'aime pas se consacrer à quelque chose et préfère se disperser entre plusieurs activités, papillonner. Dans ce contexte, l'image a pour moi du sens.

En regardant le passé, Amy a subi des pressions de notre part pour faire (nous l'espérons) encore quatre ans d'études. Je crois que ce n'est pas facile pour elle.

En regardant maintenant l'avenir, je suis au regret de le dire, mais mes impressions intuitives me disent qu'Amy va faire ce qu'elle veut, malgré ce que nous souhaitons, et prendre une année de disponibilité. Je ne sais pas à quoi le « deux » fait référence. Mais j'ai confiance : quoi qu'Amy choisisse de faire, nous resterons une famille unie. « S'éloigner de ce qui était cher et découvrir que c'est toujours là, de façon positive. »

Mon conseil, c'est qu'Amy profite des grandes vacances pour faire l'expérience de la « liberté » puis reprenne ses études à l'automne. Je crois que la peur de l'« arrière-saison » est la peur de l'échec qui empêche Amy de réaliser ses objectifs. Le livre me dit qu'elle trouvera sa voie à l'école. Je crois que mon mari et moi devrions peut-être offrir à Amy un été de liberté en échange d'une reprise de sa scolarité à l'automne. Peut-être devrions-nous insister moins lourdement sur la réussite et davantage sur la réalisation personnelle à travers les activités multiples proposées à l'école.

CONSEIL PRATIQUE

Les impressions intuitives peuvent parfois être ambiguës. La réponse que ses impressions avait indiquée à cette élève était qu'elle allait connaître la joie d'une autre manière. Ses impressions lui donnaient également quelques idées sur la manière de trouver cette joie et sur comment gérer la situation.

Dans l'exercice suivant, vous allez vous entraîner à suivre le fil de vos impressions intuitives.

EXERCICE 20
S'ABANDONNER À SA RÊVERIE

Prenez la question qui se trouve dans les pages suivantes. (Vous savez désormais qu'il ne faut pas lire la question avant d'avoir terminé l'exercice.) Notez dans quelle direction votre attention et vos perceptions se dirigent quand je vous demande de penser à ou d'imaginer les choses suivantes :

— un moment de votre enfance
— quelque chose qui s'est passé récemment
— ce que vous ferez demain
— d'ici quelques années
— d'ici dix ans
— aussi loin dans l'avenir que votre imagination vous le permet.

Notez vos impressions. Autorisez-vous à aller dans le détail. Par exemple, si vous vous souvenez d'un garçon du nom de Michel, écrivez ce nom. Notez ensuite ce qu'il fait, où il vit, avec qui, etc.

Continuez ainsi jusqu'à ce que vos impressions s'arrêtent naturellement. Lorsque vous aurez terminé, tournez la page pour lire la question à laquelle vous avez répondu intuitivement. N'oubliez pas de tout consigner dans votre carnet d'intuition.

LA RÉPONSE D'UN ÉLÈVE

Voici les impressions intuitives d'un élève en réponse à sa question (cachée bien entendue) : *Que ferai-je d'ici deux ans ?*

Je chante à un anniversaire. C'est ma journée. Ma grand-mère est là. Un nom en C.

Un coup de téléphone énervant. L'impression qu'on n'avançait pas. Un nom en J.

Le déjeuner. Sensation désagréable d'avoir trop mangé.

En avion. Vers des destinations merveilleuses.

Je donne une conférence devant un auditoire d'intellectuels. Je prends mon exemple personnel. Pompeux mais heureux.

Jardinage.

Voici maintenant l'interprétation qu'il a faite de ses impressions après avoir ouvert l'enveloppe et lu la question :

L'image de mon anniversaire est facile à comprendre pour moi. Je consacre le plus clair de mon temps aux autres. J'ai envie d'être à mon tour le centre d'intérêt et que quelqu'un s'occupe de moi. En ce moment, j'ai l'impression qu'il ne se passe pas grand-chose. J'ai l'estomac trop plein. J'ai tellement de choses en réserve que ça m'en donne le vertige.

J'ai de nombreux projets sous le coude. Pour réaliser la plupart de ces projets, il faut voyager, donc l'image de l'avion est rassurante. La « conférence devant un auditoire d'intellectuels », c'est exactement ce que je vais faire si je choisis la voie que j'envisage à l'heure actuelle. Je crois que j'ai ici une indication de ce qu'il serait bon que je fasse.

Je pourrais gagner le concours de la personne qui aime le moins le jardinage. Peut-être vais-je apprendre à me détendre. Ça ne me réjouit pas du tout !

Réponse à **l'exercice 20 :** Vous répondiez à votre 1ère question.

- 23 -

Votre vocabulaire intuitif : répondre par oui ou par non

La polarité et les questions auxquelles on répond par oui ou par non

De même que, comme nous l'avons vu, il faut savoir se situer dans le temps, il faut également savoir si une réponse est plutôt positive ou plutôt négative. Je dis « plutôt » car rien n'est jamais noir ou blanc. La réalité est toujours plus complexe et ceci pour plusieurs raisons :

— Oui ou non peuvent changer avec le temps.
— Oui ou non peuvent être subjectifs.
— Un résultat indésirable peut souvent être modifié en modifiant le présent.

Donc, lorsque vous cherchez une réponse positive ou négative, vous devez essayer de déterminer également la polarité de la question. Voici les exemples de polarités les plus répandus :

— chaud/froid
— haut/bas
— grand/petit
— lourd/léger
— clair/sombre.

Les polarités sont importantes dans le travail intuitif. La plupart des questions peuvent trouver une réponse partielle ou complète par l'entremise d'une polarité telle que bon/mauvais, mieux/moins bien, bientôt/plus tard.

Voici quelques exemples de mes associations de polarités :

Chaud : actif, positif, qui évolue, bon, oui

opposé à

Froid : raide, mort, douloureux, négatif.

Jour : actif, occupé, fatigant, épuisant, parfois positif parfois non

opposé à

Nuit : calme, sure, remplie d'étoiles, positive.

Vous aurez bien évidemment des associations de polarités différentes. En outre, vous découvrirez peut-être que les images que vous associez à une polarité changeront avec le temps.

L'exercice suivant va vous permettre d'entrer en contact avec vos associations intuitives de polarités.

EXERCICE 21
DÉFINISSEZ VOS POLARITÉS

Concentrez-vous. Sentez chacune des polarités suivantes. Notez à chaque fois les impressions intuitives que vous recevez.

— chaud/froid
— jour/nuit
— haut/bas
— lourd/léger
— bon/mauvais
— bénéfique/maléfique
— qui nourrit/qui vide
— qui grandit/qui rétrécit

— lisse/rugueux
— clair/confus
— qui croît/qui décroît
— qui s'élève/qui tombe
— qui naît/qui meurt
— qui avance/qui recule
— qui commence/qui se termine.

Cet exercice vous aidera à définir les symboles qu'utilise votre intuition pour vous prévenir des aspects positifs ou négatifs d'une question. N'oubliez pas de tout consigner dans votre carnet d'intuition.

Maintenant que vous avez commencé à vous familiariser avec vos polarités, l'exercice suivant va vous permettre de les mettre en pratique.

EXERCICE 22
LA POLARITÉ DE VOS IMPRESSIONS INTUITIVES

Vous allez maintenant répondre par oui ou par non à une série de cinq questions (que vous trouverez dans les pages suivantes).

Remarquez bien votre première réaction à chaque question. Sentez-vous plutôt oui ou plutôt non ? Quelle est la force de cette sensation ? Si vous vous attardez sur la question, cette sensation est-elle modifiée ? Si oui pourquoi ? Placez chaque question dans l'avenir en sentant bien à quelle distance dans l'avenir vous vous situez. Sentez une autre polarité et décrivez-la.

Lorsque vous aurez terminé, allez voir à quelles questions vous avez répondu. N'oubliez pas de tout consigner dans votre carnet d'intuition sous l'en-tête exercice 22.

QUELQUES EXEMPLES DE RÉPONSES

Afin de vous donner quelques repères, voici quatre exemples de réponses données par mes élèves.

— *Henri sera-t-il mon seul enfant ?*
Chaud. Impasse. Qui s'élève. Le lourd se change en léger. Peu de densité. L'avenir est hors sujet.

— *Aurai-je une promotion au mois de septembre ?*
Non (crié). Je mets le poing sur la table. Jaune. Janvier. Poussière.

— *Vendrai-je ma maison au prix que j'en demande ou mieux encore ?*
Oui. Chanter. Le printemps. Léger mais plein d'énergie. Vide mais de façon positive. Avril. Cash.

— *Steven me demandera-t-il en mariage ?*
En bas. Non pour le moment. Février. Oui.

CONSEILS PRATIQUES

Si vous obtenez des réponses contradictoires, c'est que votre intuition a peut-être répondu à des parties conflictuelles de la même question. Il arrive parfois qu'un non initial contienne des images affirmatives. **Lorsque vous avez des doutes, faites confiance aux images plutôt qu'à un oui ou à un non.**

TROUVER UN SYMBOLE AUX POLARITÉS

Pour utiliser les polarités comme un outil, vous devez d'abord prendre conscience du système symbolique que vous utilisez déjà pour définir les polarités. Vous devez également créer de nouveaux symboles pour nuancer et vérifier.

Par exemple, le mot *dur* peut signifier « concret » aussi bien que « difficile ». Donc, pour savoir le sens que prend pour vous le mot *dur*, vous devez d'abord en déterminer les qualités dans chaque cas suivant :

— A quelle autre symbole de polarité vous mène le mot *dur*?
— Est-ce un symbole positif ou un symbole négatif ?
— Quelles en sont les qualités ?
— Les polarités changent-elles dans la durée ?
— Comment changent-elles avec la durée ?

Plus vous serez familiarisé avec votre intuition et plus ces questions auront du sens pour vous.

SAISIR LES NUANCES

Tout est nuancé, même une réponse par oui ou par non. Il est très important de faire une double vérification sur une réponse par oui ou par non car ces réponses ne nous parviennent pas sous la forme d'un puzzle symbolique qui aide le cerveau à analyser et à « documenter » une réponse. A un stade plus avancé du processus intuitif, nous déduisons une réponse affirmative ou négative à partir de la complexité des informations que nous récoltons. Ces informations nous aident à comprendre le pourquoi d'une réponse. Avec les réponses par oui ou par non, nous inversons ce processus et obtenons la réponse avant de la documenter. Vous découvrirez que ce faisant, la réponse change.

EXEMPLE 1

Considérez la question : *Les actions Martex représentent-elles un bon investissement ?*

Réponse à **l'exercice 22 :** la première question était votre 2è question. La seconde question était votre 1ère question. La troisième question était votre 3è question. La quatrième question était votre 3è question également. La cinquième question était votre 1ère question.

Non. En bas. Touche le fond en deux mois. Oui, verdit pendant deux semaines. Touche le fond à nouveau — oui.

A partir de ces impressions, vous savez que les actions Martex ne sont pas un bon placement en ce moment parce qu'elles vont baisser au cours des deux prochains mois. Puis qu'elles vont remonter pendant quinze jours avant de s'effondrer à nouveau.

EXEMPLE 2

Aurai-je le poste pour lequel j'ai passé un entretien mardi dernier ?

Non. Lisse et glissant. Dix jours. Dur. Définitif, positif. Oui, dans une semaine et demie.

EXEMPLE 3

Ma nouvelle série aura-t-elle du succès ?

Un beau flacon bleu foncé. Je ne sais pas si c'est un vase ou une bouteille à laquelle il manque le bouchon. Ce flacon est fait de larmes qui ont pris forme et sont devenues utiles. Il y a maintenant des fleurs dans le vase et il est encore tôt dans la saison pour les fleurs. Ces fleurs sont un cadeau de la Saint-Valentin mais ne se stabilisent qu'en avril quand le vase peut faire lui-même pousser des fleurs. Octobre, une nouvelle vie qui se développe depuis déjà deux mois. Respire profondément et laisse le vase exister sans en faire un récipient.

Voici mon interprétation.

Je ne sais pas si cette série est une occasion unique ou qui va se répéter et durer. Ma perception d'occasion unique est due à mon histoire personnelle et au chagrin que je n'ai pas complètement évacué. Ce chagrin m'a permis de développer mes talents. Cette série me permet de transformer ma douleur en créativité. Il faut que je réalise cela toute seule pour être prête en avril. Quelque chose de nouveau va se produire en août que je me sentirai prête à réaliser en octobre. Il faut que j'aie confiance sans penser que c'est à chaque fois ma dernière chance, ce qui me limite.

Ma conclusion, c'est que cette série ne sera ni un échec ni un grand succès. Quand à ma participation à cette série, elle ne sera que provisoire. Je trouverai un autre contrat à la fin de l'été. Mon travail prendra une nouvelle dimension.

A ce propos, ceci est également un modèle d'interprétation « professionnelle » à laquelle vous allez bientôt vous initier.

- 24 -

Mettre au point votre style d'interprétation intuitive

Commençons sans plus tarder

Dans ce chapitre, nous allons mettre au point et affiner les manières dont vous accédez à l'information intuitive et l'interprétez. Commençons donc sans plus tarder par un exercice.

EXERCICE 23
SENTIR VOTRE STYLE INTUITIF

Arrivés à ce stade, vous avez probablement conscience de la manière dont vous accédez à l'information intuitive. Êtes-vous plutôt visuel ou plutôt auditif ? Est-ce que vous « sentez » votre information ou bien la recevez-vous en imaginant des changements autour de vous ?

Répondez donc aux questions suivantes :

— Quels symboles ou images reçois-je dans des informations qui veulent toujours dire la même chose ?
— Quel est mon sens préféré ?
— Quel est mon style d'interférence le plus fréquent ?
— Comment est-ce que je remédie à mon interférence ?
— A quel sens fais-je le moins confiance ?

— Mon style préféré change-t-il avec le temps de référence : passé, présent ou avenir ?

Ceci n'étant pas un exercice d'interprétation, vous pouvez noter vos réponses directement dans votre carnet.

Voici mes réponses

Le fait de bien connaître votre style va vous aider à mieux comprendre et donc à mieux tirer profit des informations que vous recevez. Ce sont des questions importantes qu'il faut vous poser régulièrement. En effet, votre style va changer au fur et à mesure de vos progrès dans le travail intuitif, en fonction également des changement qui s'opèrent en vous ou dans vos conditions de vie.

Par exemple, lorsque je suis enrhumée, j'ai tendance à utiliser le ressenti plutôt que la vue qui est pourtant mon sens intuitif de prédilection. Le soleil indique toujours un résultat positif dans mon vocabulaire intuitif. Le sens auquel je me fie le moins est le ressenti. C'est pourquoi je m'efforce de le vérifier en m'appuyant sur un autre sens, en demandant par exemple : « Est-ce que ce que je vois correspond à ce que je ressens ? »

Mon style d'interférence le plus fréquent est le doute auquel je remédie en inspirant profondément et en remarquant la première chose qui me vient à l'esprit avant de me concentrer sur une question spécifique.

Développer son intuition, c'est partir à la découverte de soi-même

La manière dont vous allez chercher vos informations intuitives est nécessairement différente de la mienne. Il est important que vous la développiez. Votre style et votre vocabulaire intuitifs sont un reflet du caractère unique de votre personnalité. Gardez présent à l'esprit que votre style intuitif peut évoluer.

L'une des seules manières de découvrir votre style intuitif est de procéder par tâtonnements. Avec de l'entraînement, vous allez découvrir progressivement certains talents, habitudes, préférences et rituels qui fonctionnent mieux pour vous. Pour prendre un exemple simple, vous découvrirez peut-être que vous travaillez mieux le matin qu'en fin de journée, que vous êtes plus efficace les yeux fermés qu'ouverts ou bien en écrivant vos questions qu'en les lisant à voix haute.

Comme nous l'avons dit plus haut, l'information intuitive peut arriver selon trois modes essentiels : voir, entendre, sentir. On ne peut pas dire qu'il y ait un mode qui fonctionne mieux que les autres et la plupart des gens utilisent une combinaison des trois (bien qu'il y ait généralement un mode prédominant). En outre, vos impressions intuitives peuvent être très précises par l'intermédiaire d'un sens (par exemple la vue) et plus vagues par les autres sens.

Le style intuitif s'exprime parfois de façon très personnelle. Vous pouvez par exemple recevoir des noms de façon précise et être nul sur les dates. Cela dépend en grande partie de la façon dont vous « dirigez » votre intuition. Si vous avez tendance à être mélancolique, vous serez tourné vers le passé. A l'inverse, si vous êtes paranoïaque, vous serez obsédé par l'avenir.

Réfléchissez dans quelle direction se dirige habituellement votre attention. Cela vous donnera généralement une bonne indication des centres de prédilection de votre intuition. Ainsi, l'intuitif qui a une bonne estimation de l'avenir éprouvera des difficultés à obtenir des informations concernant le passé ou le présent.

TECHNIQUES ET SUPPORTS DE L'INTUITION

Certaines personnes trouvent qu'elles obtiennent de meilleurs résultats en donnant à leur intuition un support tel que le *I Ching*, le tarot, l'astrologie ou même les feuilles de thé. Ces supports peuvent en effet fournir un cadre à des informations qui manquent de structure. Ce ne sont cependant pas les moyens les plus efficaces pour structurer notre intuition car chacun d'entre nous porte cette structure en soi.

Par ailleurs, il faut utiliser ces techniques avec une certaine prudence car un support tel que les cartes a tendance à refléter nos espoirs et nos peurs plutôt que la réalité. Des techniques plus sophistiquées, le *I Ching* par exemple, sont plus appropriées car elles offrent moins de possibilités de manipulation. Plus une technique laisse de place au hasard et mieux elle marche.

La différence essentielle entre l'intuition et les autres techniques divinatoires, c'est qu'avec l'intuition vous n'avez pas recours à des supports extérieurs pour vous aider — ou vous égarer.

- 25 -

Interprétations formelles pour vous-même ou vos amis

Faire la synthèse

Nous avons déjà passé en revue la vaste majorité des éléments que vous avez besoin de connaître pour faire une interprétation formelle pour vous ou pour autrui. Dans ce chapitre, nous allons en faire la synthèse.

Comme cela s'applique aux autres éléments du livre, il n'est pas nécessaire que vous mémorisiez tout ce que je dis. Il est en effet important que vous réalisiez que j'ai délibérément rendu un processus naturel (l'intuition) plus difficile qu'il ne l'est en réalité afin que vous preniez bien conscience de quelque chose que vous faites déjà inconsciemment.

Souvenez-vous que vous êtes déjà intuitif.

Avant de commencer, faites savoir à votre sujet comment vous travaillez

Afin que tout se passe bien, il faut que vous informiez la personne avec qui vous travaillez de votre style intuitif. Voici quelques éléments qu'il faut absolument communiquer :

— **Vous n'avez pas besoin d'informations « utiles » autres que la question posée.** Moins vous en savez sur un sujet et mieux votre intuition est capable de répondre.

— **Vous pouvez vous tromper.** Comme nous l'avons vu, l'information intuitive est toujours juste mais vous pouvez vous tromper sur son interprétation.

— **Votre sujet ne doit renoncer ni à son esprit d'analyse ni à l'utilisation de sa propre intuition.** Vous allez donner à votre ami (e) des informations qui vont l'aider à prendre des décisions. Vous n'allez pas prendre ces décisions à sa place !

— **Vous n'êtes pas thérapeute**. Attention ! vos amis peuvent facilement devenir des « drogués d'intuition » en vous racontant tous leurs problèmes à chaque fois qu'ils ont recours à votre intuition. Si cela se produit plus de deux ou trois fois par an, c'est que la personne est en train de développer une dépendance à votre égard.

En outre, il faut informer la personne des autres aspects de votre style intuitif, par exemple si vous préférez que les questions soient écrites ou posées à voix haute ou simplement pensées.

Avant de travailler avec quelqu'un, j'informe toujours la personne de la façon suivante :

> « Je vais vous communiquer les informations intuitives que je vais recevoir ainsi que leur interprétation. Certaines de ces informations seront justes, d'autres non. Mon taux de réussite est généralement bon mais si je vous dis quelque chose qui vous paraît faux, vous aurez sans doute raison. Vous savez mieux que personne ce qui vous concerne, de façon intuitive et autre. Ne renoncez pas à ce pouvoir en ma faveur. Vous êtes ici pour avoir un point de vue différent, pas « la » vérité.
>
> Si quelqu'un vous affirme en savoir davantage sur vous que vous n'en savez vous-même et qu'il ou elle ne se trompe jamais, il y a tout lieu de se méfier.

Demandez à la personne de préparer ses questions avant de commencer

Demandez à la personne qui vient vous voir de bien préparer ses questions. Expliquez-lui brièvement l'importance d'une formulation précise des questions.

La préparation des questions remplit deux fonctions. Tout d'abord, la personne fait une sorte de « pré-interprétation » en sélectionnant les centres d'intérêts et les questions qu'elle souhaite poser. Ensuite, ce travail préliminaire donne à votre inconscient une série de questions préparées. Je réponds souvent à toutes les questions d'un client en lui demandant simplement de poser la première car mon intuition me dirige ensuite naturellement vers les autres.

Comme vous le savez, les questions de votre ami vont en entraîner d'autres et vous allez vite vous retrouver en train de répondre à toutes sortes de questions. Intégrez ces « détours » dans votre travail mais dites également à votre sujet qu'il n'hésite pas à vous ramener dans le « droit chemin » si la digression cesse de lui paraître utile.

SE DÉTENDRE ET SE CONCENTRER

Donc, une fois que vous aurez présenté vos méthodes de travail à votre sujet, il va falloir que vous vous mettiez en état intuitif.

Asseyez-vous confortablement et détendez-vous. Respirez profondément, expirez longuement et mettez votre conscient au repos. Tout en continuant à respirer profondément, prenez conscience de votre corps et de vos sensations corporelles : de votre ossature, de vos muscles, de votre peau, de vos organes internes, des battements de votre cœur.

Sentez votre corps qui se détend et votre esprit qui se calme. Vous n'êtes pas obligé de vous « éclaircir les idées » avant de commencer. Intégrer à votre travail tout votre « bavardage intérieur ».

COMMENCEZ À PARLER DÈS QUE LA QUESTION A ÉTÉ POSÉE

Comme je l'ai dit plus haut, plus vous attendez et plus vous laissez la possibilité à votre esprit raisonnant de faire ingérence dans le processus intuitif.

Vous recevrez peut-être des impressions avant même que la question ne soit posée. Notez-les également. Votre intuition connaît la question posée avant même qu'elle ne soit entièrement formulée.

Vous recevrez peut-être des impressions qui n'ont apparemment rien à voir avec la question. Par exemple, votre intuition peut répondre par des odeurs à une question sur le bruit.

Rendez compte de tout. Des impressions qui n'ont peut-être aucun sens pour vous peuvent en avoir pour votre ami.

Ne laissez pas votre sujet vous interrompre

Quand vous aurez commencé à parler, votre sujet sera tenté de vous interrompre soit pour s'exclamer avec enthousiasme : « Oui, c'est ça ! » soit en secouant la tête en signe de négation.

Rappelez à votre ami que de telles interruptions gênent le flot de votre intuition et que vous lui ferez signe quand vous aurez besoin d'être guidé. Parlez jusqu'à ce que le flot de vos impressions intuitives se tarisse naturellement. Votre subconscient vous informera que vous avez répondu à la question.

Si vous avez un blanc

Il arrivera parfois qu'on vous pose une question et que votre tête reste vide. Tout d'abord, considérez que cela aussi veut dire quelque chose. Considérez que tout ce qui vous advient est une réponse à la question.

Mais si véritablement vous n'obtenez aucune impression tangible, essayez de regarder la même scène depuis différents points de vue. Par exemple, si vous ne pouvez pas voir si vous allez obtenir l'emploi pour lequel vous avez postulé, examinez l'employeur plutôt que vous-même ou bien examinez la réaction de votre meilleur ami lorsque vous lui apprenez la nouvelle ou bien encore demandez si vous allez déménager pour prendre ce nouvel emploi.

N'ayez pas peur de dire que vous n'obtenez rien. Vous pouvez très bien expliquer ce qui se passe. Par exemple, si une amie vous demande si elle va s'installer à Los Angeles et que vous ne receviez aucune impression à ce sujet, vous pouvez dire : « Je ne reçois aucune impression mais je ne sais pas si c'est parce que véritablement je ne reçois rien ou parce que je ne te vois pas à Los Angeles. »

TRADUISEZ VOS IMAGES

Même s'il s'avère parfois utile de transmettre vos perceptions telles quelles, par exemple : « Je vois un arbre au milieu d'un champ de coquelicots », essayez néanmoins de transmettre vos informations de façon intelligible comme on le fait au stade de l'interprétation.

Si votre sujet vous interroge par exemple sur un nouveau projet et que vous receviez l'image d'un ballon qui gonfle trop et finit par exploser, vous pouvez dire que les choses vont trop vite pour que le projet soit viable. Vous pouvez alors parler un peu de votre image de ballons car après tout qui vous dit que ce projet n'est pas une histoire de ballons !

Vous découvrirez que plus vous pratiquerez l'intuition et plus il vous sera facile de garder pour vous les images que vous recevez et de les traduire tout de suite tout en vous y référant régulièrement pour clarifier certaines choses.

EXERCICE 24
RETOUR À LA POMME

Vous souvenez-vous de l'exercice 12 au chapitre 11 dans lequel nous avions utilisé la visualisation d'une pomme pour prédire le cours de l'or ? Eh bien cette même technique peut être utilisée pour répondre à pratiquement n'importe quelle question. Prenez bien le temps de noter tous les détails concernant la pomme : où se trouve-t-elle ? à qui appartient-elle ? est-elle mangée ? etc. Vous utilisez ainsi la pomme comme un cadre métaphorique pour examiner n'importe quel objet.

Ici, nous allons considérer que la première pomme représente le présent et que la seconde représente le résultat ou l'avenir. Quelques pages plus loin, vous verrez à laquelle de vos questions se réfère cet exercice. Sans aller lire la question, répondez-y avec votre intuition.

N'oubliez pas de tout noter dans votre carnet d'intuition sous l'en-tête exercice 24.

LA RÉPONSE D'UNE ÉLÈVE

Voici donc les impressions qu'a reçues une élève et l'interprétation qu'elle en a faite en réponse à sa question : « Aurai-je des enfants avec John ? » Comme vous, elle ne savait pas à laquelle de ses questions elle répondait jusqu'à ce qu'elle ouvre l'enveloppe.

> *Une petite pomme dure et verte. Pas très bien faite mais mignonne. Elle pourrait provenir du vieux pommier que j'ai dans la cour chez moi. Elle a meilleur goût que je ne le croyais.*
>
> *La deuxième pomme est toute petite. Elle n'est pas bonne à manger au couteau mais elle fait une excellente compote. Il faut que j'en ramasse beaucoup. Elles sont par groupes ; j'en vois trois.*

Voyons maintenant comment elle a interprété ses impressions une fois qu'elle eut pris connaissance de la question à laquelle elle répondait.

> *John est certainement une petite pomme dure et verte. Il n'est pas sûr de se sentir prêt à avoir des enfants mais j'ai l'impression que ça va venir. Si nous avons des enfants, nous serons plus heureux ensemble.*

Ceci est un bon exercice pour avoir une réponse rapide à une question. Ne vous sentez pas limité par la pomme ; vous pouvez pendre le fruit ou l'objet de votre choix.

Rendre compte de vos impressions

Quand vous aurez commencé à recevoir des impressions sur la question qui vous est posée, d'autres questions vont surgir. Essayez de passer des détails à une vue d'ensemble. Comme nous l'avons vu, nous voulons essayer d'observer la situation depuis des points de vue différents.

N'oubliez pas de chercher des indications vérifiables afin que vous-même et votre sujet puissiez déterminer la précision de votre interprétation.

Le minimum

Chaque question est différente. Néanmoins, dans vos premières impressions, voici les informations à chercher. Ceci est un minimum :

— D'après la question posée, avez-vous un sentiment bon ou mauvais, positif ou négatif ? Essayez d'obtenir une polarité — oui ou non — pour la question.
— Où votre attention se situe-t-elle dans le temps ? Avez-vous l'impression d'être dans le passé, le présent ou l'avenir ? Si vous déplacez votre attention vers l'avenir ou vers le passé, votre impression de la question change-t-elle ?
— Sentez-vous que des gens ou des événements extérieurs influent sur la question ? Des noms ? Des initiales ?

Je le répète, assurez-vous de chercher d'autres panneaux indicateurs ou marqueurs — noms, dates, lieux, histoire — que votre sujet peut confirmer ou infirmer. Ceci vous permet, ainsi qu'à votre sujet, de savoir si votre intuition est sur le bon chemin.

Autres questions utiles

Les questions suivantes stimulent l'intuition. Elles peuvent être adaptées à des situations personnelles ou professionnelles.

— Quelles sont les qualités que j'admire chez cette personne ?
— Quelles sont les qualités que la plupart des gens admirent chez cette personne ?
— Que pourrais-je apprendre de cette personne ?
— Quels mots cette personne a-t-elle besoin d'entendre pour être plus heureuse ?
— A quoi cette personne pourrait-elle travailler qui serait un bon défi pour elle ?
— Quel problème ou défi cette personne a-t-elle surmonté récemment ?
— Quel changement positif se produira pour cette personne au cours de l'année à venir ?
— Quelles personnes poseront problème dans la vie de cette personne ?
— Quelle est l'idée fausse qu'on se fait généralement à propos de cette personne ?
— Si cette personne était un animal, quelle animal serait-elle et pourquoi ?

Etc. Vous trouverez sans aucun doute des variantes de ces questions au fur et à mesure que vous progresserez.

Vérifier certaines choses avec le sujet

Même s'il est déconseillé au départ de demander au sujet des renseignements à propos de sa question, il est parfois utile de poser quelques questions par la suite afin de clarifier certaines choses ou de mieux interpréter ses impressions.

Comment rester objectif, surtout lorsqu'on reçoit des informations perturbantes

Le défi permanent auquel l'intuitif est confronté est de rester objectif face à des questions qui sont chargées d'émotion pour la

Réponse à **l'exercice 24 :** vous répondiez à votre 1ère question.

personne qui les pose. Souvenez-vous que si les gens demandent à des intuitifs de les aider, c'est parce qu'ils ont des problèmes majeurs à régler dans leur vie.

Disons par exemple qu'une amie vous demande si elle va oui ou non épouser son fiancé ou si elle va obtenir la promotion qu'elle espère. Disons maintenant que vous receviez un non à ces questions. Comment faire part à un ou une amie de nouvelles qui seront douloureuses pour lui ou pour elle ?

Eh bien, la chose la plus importante à comprendre, c'est qu'**un événement n'est pas nécessairement bon ou mauvais.** Il est en effet bien possible que le fait de ne pas épouser le fiancé ou de ne pas obtenir la promotion soit une bénédiction déguisée.

Mais il peut arriver que vous soyez obligé d'annoncer une nouvelle dans laquelle il sera difficile ou impossible de voir ce qu'elle peut contenir de positif. Il vous faudra bien sûr déployer toute la douceur et le tact dont vous êtes capable. Si possible, présentez l'information sous forme d'une métaphore assez vague et laissez votre ami faire lui-même le travail de décryptage. Demandez également à votre intuition de vous indiquer l'aspect positif de cette nouvelle de façon à ce que vous puissiez en parler. Enfin, rappelez à votre ami que vous pouvez vous tromper.

Sentez-vous libre de taire une information qui fait du mal ou qui n'est pas éthique (par exemple une information médicale si vous n'êtes pas médecin). Et surtout, sentez-vous libre de ne pas répondre à une question.

Ne demandez pas à la personne de vérifier l'information. Elle est de l'ordre du privé. Le sujet comprend souvent mieux que vous vos impressions puisqu'il s'agit de sa vie. Et c'est bien ainsi.

Je me souviens qu'au cours d'un stage que j'avais organisé en Californie, l'une de mes élèves, Janet, était venue me voir très perturbée. Elle travaillait en binôme avec une autre élève, Lydia, et avait perçu des incidents très violents dans l'enfance de Lydia. Janet avait eu le bon sens de ne rien dire à Lydia. En effet, si ce qu'elle avait senti était juste, Lydia aurait pu se sentir très vulnérabilisée que son passé ait été ainsi dévoilé. Et si ses impressions étaient erronées, Lydia aurait été très perturbée d'entendre de telles choses.

J'ai conseillé à Janet « d'oublier » l'information et de demander à son intuition ce que Lydia avait besoin d'extraire de cette information. Donc, sans dire les informations qu'elle avait reçues, Janet dit à Lydia, sur un ton très naturel : « Tu n'étais responsable de rien dans tout ce qui s'est passé dans ton enfance. »

Lydia fondit en larmes. Elle raconta à Janet tous les mauvais traitements et humiliations qu'elle avait subis dans son enfance, les choses qu'on l'avait obligée à faire et dont elle savait, même à l'époque, que ce n'était pas bien. Lydia voulait que Janet lui en dise plus mais je suis intervenue en disant qu'il est important de savoir quand un intuitif ne peut plus rien faire et doit passer la main à un psychothérapeute.

L'INTUITION EN ACTION
L'ANECDOTE D'UNE ÉLÈVE

Tous mes enfants sont asthmatiques. Un jour, mon fils a fait une grosse crise d'asthme à l'école à la suite de laquelle il a été hospitalisé pendant plusieurs jours. J'avais l'impression qu'il avait les poumons irrités et que ce n'était pas l'asthme qui était la cause de son état. J'en ai parlé au médecin qui en est néanmoins resté à son diagnostic. J'ai appelé une amie qui avait également suivi une formation sur l'intuition et je lui ai demandé qu'elle interroge son intuition sur les poumons de mon fils. Elle a reçu la même information intuitive que moi. J'ai donc demandé un deuxième avis médical, qui confirma le diagnostic du premier médecin.

Un mois plus tard, mon fils avait toujours des problèmes respiratoires et j'ai décidé de lui dire que je ne pouvais pas m'ôter de l'esprit que ce n'était pas dû à l'asthme. Il me regarda comme si j'étais une sorcière et m'avoua qu'il avait inhalé une bombe lacrymogène de poche qu'il avait confondue avec sa Ventoline. Il n'avait rien dit de peur de se faire gronder.

LES FAUX ESPOIRS N'EXISTENT PAS

L'espoir est en soi quelque chose d'important. On peut avoir de l'espoir et rester réaliste face à une situation donnée.

Dans le processus d'interprétation des impressions intuitives, vos émotions, vos espoirs et vos peurs prennent leur place dans ce processus. Il est donc important de faire la différence entre vos impressions et l'interprétation que vous en faites quand la réponse manque de clarté. Le remède à la confusion se trouve souvent dans le conflit entre ces modes de perception. En outre, l'intuition qu'ont les gens d'eux-mêmes et de leur environnement est généralement plus précise que la vôtre (bien que ce ne soit pas toujours clairement défini).

Si vous cherchez à obtenir quelque chose et que votre intuition dise non, demandez pourquoi.

L'intuition rate parfois sa cible ; c'est alors que la logique et l'observation empirique interviennent. Lorsque je vivais à Rome, on m'a amené une enfant qui souffrait d'eczéma chronique. J'ai regardé l'enfant qui avait un simple problème de peau et je me suis dit : « Bien sûr qu'elle va guérir ! » Comme elle habitait près de chez moi, je la voyais régulièrement. Mais, après trois séances de guérison, il ne s'était toujours rien passé.

Sachant que l'eczéma est souvent lié au stress, j'ai demandé à mon intuition de chercher des causes de stress chez cette enfant. J'ai senti que des tensions entre ses parents et un autre membre de la famille, plus âgé, rendait la petite fille nerveuse et aggravait son eczéma. J'en ai parlé à la mère qui m'a dit qu'en effet sa belle-mère venait d'emménager chez eux et qu'elle veillerait désormais à gérer plus consciemment le stress que cela engendrait. Cependant, l'eczéma de la petite fille ne s'améliorait toujours pas.

J'ai finalement décidé de m'en remettre à la raison. J'ai suggéré à la maman qu'elle demande au médecin de sa fille de l'inscrire à un programme expérimental de traitement de l'eczéma.

Elle appela donc son médecin qui, après quelques recherches, lui indiqua que quelques résultats positifs avaient été obtenus dans un programme de recherche où les enfants étaient soumis à un régime spécial et faisaient l'objet de tests sur les allergies alimentaires. Mais ce programme impliquait une hospitalisation d'un mois à cause du régime alimentaire. Étant donné tous les effets secondaires de son eczéma et les difficultés relationnelles qu'il engendrait, sa famille a accepté de faire hospitaliser la petite fille. Comme vous l'aurez probablement deviné, on lui a découvert une allergie alimentaire. Cette petite fille est aujourd'hui débarrassée de son eczéma (sauf lorsqu'elle fait un écart de régime).

C'est donc la logique qui gagna la bataille de l'eczéma. La connaissance préalable que j'avais de cette maladie avait guidé mon intuition dans une seule direction et bloqué toutes les autres informations utiles. Il fallut donc réfléchir la tête froide pour trouver la réponse.

Autres considérations éthiques

Avant de soigner des malades, un médecin fait de longues études puis prête le serment d'Hippocrate. Un psychothérapeute connaît les mécanismes psychiques et sait comment guider un client vers la guérison. Un intuitif pour sa part recueille simplement des informations. Ayez pour règle de conduite de ne jamais jouer au spécialiste dans un domaine qui n'est pas le vôtre.

J'ai souvent conseillé à mes clients d'aller consulter un médecin lorsque je sentais qu'ils avaient un problème. J'ai aussi encouragé certaines personnes à parler avec leur psychothérapeute d'une période critique de leur vie. Et les erreurs que j'ai commises m'ont appris qu'il n'était pas toujours opportun ni éthique de révéler certaines informations, même quand elles étaient justes.

Une méthode intuitive

Certains de mes élèves préfèrent ne pas prendre connaissance de la question qu'on leur pose. La personne peut alors écrire sa question et vous tendre le papier plié ou bien simplement formuler la question en silence. Même si vous ne voyez pas la question, cette méthode est très efficace car elle oblige la personne à formuler soigneusement sa question.

TRAVAILLER EN GROUPE

Je travaille rarement devant des groupes. En effet, il est toujours préférable de révéler les informations intuitives en privé. Il y a deux exceptions à cette règle : quand je travaille dans une entreprise et que les informations doivent être mises en commun pour être utiles et quand j'enseigne et que les élèves ont besoin d'exemples pour affiner leur technique.

La plupart des exercices de ce livre peuvent être utilisés en groupe pour faire un brainstorming de questions. Si toutes les personnes du groupe ont déjà été formées aux pratiques intuitives, vous pouvez simplement énoncer la question. Sinon, il vaut mieux travailler en aveugle en mettant les questions dans des enveloppes (une par participant) et en guidant les participants étape par étape.

Demandez à chaque personne de dire ce qu'elle a à dire avant de faire le brainstorming et suggérez que le dialogue intuitif se poursuive pendant le brainstorming. Cette méthode est très utile lorsqu'il s'agit d'une prise de décision collective, qu'elle soit familiale ou dans le cadre d'une entreprise.

UN EXERCICE EN GROUPE AMUSANT

Lorsque vous êtes en famille ou avec un groupe d'amis, demandez à chacun d'écrire son nom sur une feuille de papier puis de mettre ce papier dans une enveloppe. Assurez-vous bien sûr que les feuilles de papier et les enveloppes soient identiques.

Mélangez les enveloppes et distribuez-les, à l'envers, afin que personne ne sache sur quelle personne il ou elle doit exercer son intuition. Cet exercice donne une bonne compréhension de la dynamique d'une situation. Et c'est particulièrement intéressant quand quelqu'un se retrouve avec sa propre enveloppe !

Quand je fais faire cet exercice au cours d'un stage, je le répète jusqu'à ce que tout le monde ait exercé son intuition sur chacun. Cette technique est également efficace pour résoudre des conflits.

UNE COLLABORATION INTUITIVE

La recherche médicale est souvent obligée de faire un bond dans l'inconnu. Au début des essais cliniques, on ne sait pas grand-chose de la toxicité du produit, des effets indésirables ni de la posologie.

Il y a environ dix-huit mois, je suis allé consulter Laura Day, la célèbre intuitive, pour qu'elle m'informe sur les recherches que je conduisais. Je l'ai interrogée sur les produits à étudier et sur la manière de conduire les recherches.

Laura nous a apportés une aide très précieuse dans les essais sur l'interleukine. Elle en a en effet prédit avec beaucoup de justesse les effets secondaires (symptômes grippaux et irritation cutanée). Lorsque nous avons augmenté les doses, elle nous a mis en garde contre des effets indésirables sur le plan neurologique. Dans le mois qui suivit, l'un de nos volontaires eut effectivement de graves problèmes neurologiques. Nous avons diminué les doses et déterminé une posologie efficace et sans danger.

A une autre occasion, j'ai demandé à Laura des informations sur la N-acétylcystéine. Elle a prédit avec beaucoup de justesse que ce produit risquait de provoquer des douleurs abdominales chez certains patients. Elle sentit également que c'était un produit utile dans la lutte contre le VIH. A l'heure actuelle, des études sont effectivement menées dans ce sens à l'université de Stanford et à l'institut américain de la santé.

Au cours des essais sur la trichosanthine, un produit qui tue les macrophages et les lymphocytes T infectés, Laura pensait que ce produit serait utile dans un traitement contre le VIH. Après deux ans d'essais, nous avons effectivement mis en évidence que ce produit tuait le VIH. La communauté scientifique commence à s'intéresser vivement à cette recherche.

Ces deux exemples, choisis parmi tant d'autres, illustrent bien toutes les occasions où Laura m'a conseillé avec perspicacité soit d'aller doucement et de faire attention soit de persévérer malgré des premiers résultats décevants.

(Extrait d'une lettre du Docteur Larry Waites du 23 novembre 1991).

- 26 -

Intuition et décisions

L'intuition doit être au service du bon sens et non pas le remplacer

Je suis sure que vous êtes maintenant familiarisés avec votre intuition. Cependant, n'oubliez jamais que l'intuition ne doit pas être votre seul guide dans la vie pas plus que vous ne devez vous en remettre qu'à la seule logique.

Il est dangereux de croire qu'on doive prendre des décisions en se basant uniquement sur son intuition. Il ne faut pas utiliser l'intuition pour décider si l'on doit faire quelque chose ou non mais pour apporter un éclairage supplémentaire aux éléments qu'on possède déjà. Ni l'information intuitive ni le raisonnement ni les sentiments ne doivent être pris séparément. Il faut toujours considérer l'ensemble de ce que l'on pense et ressent.

Savoir comment fonctionne notre intuition nous permet de l'utiliser de façon efficace dans la prise de décision. Un processus à prédominance linéaire est parfois préférable quand on dispose d'informations empiriques. Mais quand on dispose de peu d'informations et qu'il s'agit de savoir comment un choix va affecter l'avenir, un processus intuitif peut s'avérer plus efficace.

Il est utile d'apprendre des techniques permettant de différencier l'information intuitive des données intellectuelles ou affectives.

POUR UNE EFFICACITÉ MAXIMALE, UTILISEZ VOTRE INTUITION SÉLECTIVEMENT

La psychologie moderne va dans le sens de l'intégration. Mais, lorsque vous vous servez de votre intuition, il est important de pouvoir la distinguer des autres éléments (pensées, raisonnement, émotions).

Ainsi, si votre intuition vous dit de faire telle chose et que ceci est confirmé par vos sentiments, par le bon sens et par l'examen des faits, alors vous pouvez être sûr que vous êtes sur le bon chemin. Là où je veux en venir, c'est qu'au lieu que votre intuition soit amalgamée au reste, vous pouvez la tenir bien à l'écart et avoir ainsi un système de vérifications multiples : intuition et raisonnement, bon sens et penchants personnels, intuition et affectif, etc.

Ce que nous devons donc faire, c'est forcer notre raison à rester à l'arrière-plan. Dans la plupart des exercices que nous avons faits jusqu'à présent, j'ai privé votre esprit de données empiriques. N'ayant aucune information à analyser, vous étiez obligés de vous en remettre à votre seule intuition.

L'INTUITION JOUE UN RÔLE DANS TOUTES NOS DÉCISIONS

Même si vous n'en avez pas conscience, toutes les décisions sont prises sur la base d'un mélange d'intuition, de raisonnement fondé sur une connaissance préalable, de goûts personnels... Même pour prendre la décision d'aller ou non en vacances en Italie en février, vous vous appuyez sur ce que vous savez de l'Italie, sur « comment vous le sentez » et sur des raisons que vous ne pourriez pas nommer parce qu'elles relèvent de l'intuition.

Au risque de trop simplifier un processus psychologique complexe, on juge une situation d'après quatre sources d'informations :

— ce qu'on *sait* (connaissance et souvenirs)
— ce qu'on *pense* (jugement et interprétation)

— ce qu'on *ressent* (sentiments et émotions)
— ce dont on a l'*intuition*.

L'une de ces quatre catégories d'informations est-elle plus fiable que l'autre ? Non mais c'est l'information émotionnelle qui est la moins fiable. Je crois aux sentiments plus qu'aux émotions même si dans notre société actuelle on accorde beaucoup d'importance à ces dernières.

Les sentiments sont des émotions sans explication. Nous avons tendance à nous en méfier sous prétexte qu'ils sont subjectifs mais ils ont leur réalité propre.

L'information intuitive se perd facilement, apprenez donc à la reconnaître

L'une des raisons pour lesquelles vous aviez jusqu'à présent peu conscience du rôle que joue l'intuition dans vos prises de décision, c'est qu'on la confond souvent avec le sentiment ou le ressenti. Il est aussi très probable que vous laissiez votre logique étouffer votre intuition. En d'autres termes, le flot d'informations intuitives que vous recevez sans cesse est noyé par les information que vous fournissent vos sens, vos émotions, votre intellect, vos souvenirs. Ceci est particulièrement vrai en période de crise ou de confusion.

La lecture de ce livre et les exercices ici proposés vous auront permis de mieux identifier votre intuition. Et, comme je l'ai dit, être capable d'identifier son intuition et de s'en servir consciemment permet de mieux prendre des décisions en toute connaissance des tenants et des aboutissants qui gèrent ce processus.

Lorsque vous utilisez cette méthode pour prendre une décision, écrivez ce que vous savez du problème ou du choix à faire, notez ce que serait une décision logique, ce que serait votre décision si vous suiviez vos désirs et besoins affectifs puis notez vos perceptions intuitives. Vous aurez ainsi un dossier d'informations complet pour faire votre choix en connaissance de cause.

L'astuce, c'est dans un premier temps d'isoler votre intuition de vos sentiments et de votre connaissance afin de

pouvoir, dans un deuxième temps, la réintégrer de façon plus efficace. Ceci dit, ce n'est pas aussi simple que cela. Il faut trouver la signification des informations que vous avez recueillies et agir en conséquence. Les informations intuitives sont toujours objectives et toujours justes. Comme nous l'avons vu, c'est leur interprétation qui est sujette à erreur. Afin de minimiser ce risque, il faut dans un premier temps séparer l'intuition du reste afin que ces différents modes de perception puissent ensuite être complémentaires.

Ce que l'intuition a d'unique par rapport aux autres processus, c'est qu'elle peut facilement recueillir des informations à propos de l'avenir ou sur des sujets qui ne correspondent pas à une logique. Parfois d'ailleurs, votre affectif ou votre logique contrediront votre perception intuitive. Etant donné que les impressions intuitives nécessitent une interprétation, il vous faut alors poursuivre vos investigations, surtout lorsque votre intuition, votre raison et vos sentiments sont en désaccord.

Il est temps maintenant de voir comment ce processus fonctionne avec vos trois questions.

Tout d'abord, pour chaque question, écrivez ce que vous sentez que la réponse est.

Ensuite, pour chaque question, écrivez ce que vous dictent la logique et le raisonnement. Argumentez votre réponse.

Au chapitre 29, nous comparerons vos pensées et vos sentiments à votre intuition.

- 27 -

Intuition
et vie professionnelle

De la diversité

Vous en savez désormais suffisamment pour utiliser votre intuition avec succès dans votre vie tant personnelle que professionnelle. Nous allons maintenant étudier des techniques particulièrement adaptées au monde des affaires et de la finance.

Je travaille en tant que consultante auprès de nombreux groupes dans des domaines très variés : entreprises, cabinets médicaux, cinéma, thérapie, investissement, aide aux familles. Pour chaque groupe, il existe des exercices un peu différents. En effet, on ne travaille pas tout à fait de la même façon pour restructurer une société que pour revoir un projet artistique mais le principe de base reste le même : il s'agit avant tout de poser les bonnes questions. Je vais vous donner une pratique simple qui peut s'utiliser dans un contexte familial aussi bien qu'amical, pour mettre au point une stratégie commerciale ou résoudre des problèmes de personnel.

Quelle que soit votre spécialité — psychothérapie, mécanique, vie de famille, médecine, écriture, peinture, informatique, etc. — vous êtes la personne qui sait le mieux quelles questions poser dans son domaine. Posez à votre intuition les mêmes questions que celles que vous posez à votre intellect. La différence, c'est que lorsque vous interrogez votre intuition, vous n'avez pas à tenir compte des limites du temps, de l'espace ou de l'expérience.

Il s'avère souvent utile d'écrire la liste de questions dont vous vous servez dans votre travail. Certains professionnels, les médecins et les analystes par exemple, ont des séries de questions systématiques mais votre intuition vous en fournira d'autres. Lorsque vous travaillez sur un projet de création, l'exercice du carré (chapitre 21) s'avère souvent utile car il vous donne un résultat à partir duquel vous pouvez revenir en arrière.

Lorsque vous travaillez intuitivement en groupe sur la même question, les impressions sont souvent différentes mais non conflictuelles. Chaque personne envisage les informations à partir de ce qui lui paraît important. Le pessimiste recherchera les problèmes et l'optimiste les solutions ! Certaines personnes voient les différents aspects comme un tout cohérent alors que d'autres remarqueront une incohérence ou un détail qui leur paraît important. Chaque personne a son style intuitif. Leurs impressions peuvent paraître variées mais c'est simplement parce que chacun perçoit des aspects différents mais tout aussi justes de la même question.

Le désaccord est très constructif car il oblige à examiner les choses plus en détail. Les impressions intuitives sont en effet si riches et si complexes qu'on peut toujours en retirer davantage d'informations. Ceci s'avère particulièrement utile lorsqu'il s'agit, pour résoudre un problème, d'avoir une vue d'ensemble qui intègre les différents points de vue.

INTERROGER SON INTUITION SUR LES GENS DANS LE CONTEXTE DES AFFAIRES

L'exercice suivant illustre une technique très efficace pour comprendre les autres. Comme vous le verrez, cette technique est particulièrement utile pour tous les professionnels — par exemple les médecins, les thérapeutes, les négociateurs, les gens de loi, les enseignants et les travailleurs sociaux — qui ont besoin de comprendre les gens en profondeur.

EXERCICE 25
SE METTRE A LA PLACE DE QUELQU'UN D'AUTRE

Faites comme si vous étiez quelqu'un d'autre, quelqu'un qui corresponde parfaitement à la question que vous trouverez dans les pages suivantes. Avant de commencer l'exercice, vous n'êtes pas obligé de tout savoir de la personne dans la peau de qui vous vous êtes mis. Cette personne que vous prétendez être peut même changer au cours de l'exercice.

Respirez profondément. En expirant, laissez la personne que vous prétendez être se nommer. Vous allez répondre aux questions suivantes au nom de la personne que vous avez choisi d'être pour cet exercice. Vous n'avez pas besoin de mémoriser cette liste ; je vous la donne simplement pour vous donner une idée du genre de questions que vous devriez poser.

— Décrivez-vous en détail.
— Quel est le principal souci dans votre vie à l'heure actuelle ?
— De quelle manière ce souci changera-t-il au cours des prochains mois ?
— Que ressentez-vous à propos du monde qui vous entoure ?
— De quoi avez-vous besoin ?
— Êtes-vous sur le bon chemin ?

Au fur et à mesure que vous avancez, comment vos impressions intuitives initiales à propos de cette personne évoluent-elles ?

Notez vos impressions dans votre carnet d'intuition sous l'entête exercice 25.

Cette technique permet de nombreuses variantes. Changez les questions et notez celles pour lesquelles vous aimeriez avoir une réponse afin de mieux travailler avec un client. Si vous utilisez cette technique pour répondre à une question et que vous sentiez que la réponse ne décrit pas la personne concernée, utilisez la description comme une métaphore.

L'INTUITION DANS VOTRE VIE PROFESSIONNELLE

EXEMPLE 1

Vous êtes médecin et vous examinez une nouvelle malade. Vous l'interrogez sur ses antécédents et notez des problèmes gastro-intestinaux. La malade se plaint toujours de la même chose. Tous les examens qui ont été faits jusqu'à présent se sont révélés négatifs. Elle a bien réagi au traitement à base d'élixir parégorique que lui avait prescrit son ancien médecin.

Avant de lui donner une prescription, il vous vient à l'idée que votre patiente est peut-être enceinte. Vous n'avez aucune raison de soupçonner une grossesse mais vous lui prescrivez néanmoins un examen de sang. Votre patiente vous prend visiblement pour un imbécile.

Le test de grossesse est positif. Heureusement que vous l'aviez prescrit car le médicament que vous alliez faire prendre à cette patiente est contre-indiqué en cas de grossesse.

EXEMPLE 2

Dans votre club d'investissement, tout le monde parle d'une nouvelle valeur. Effectivement votre agent vous a contacté plusieurs fois pour vous la recommander. Vous demandez votre rapport annuel et les résultats sont meilleurs que ce à quoi vous vous attendiez. Malgré la hausse fulgurante de cette nouvelle valeur, vous pensez qu'elle va encore grimper.

Chaque jour, vous vous dites qu'il faut appeler votre agent pour lui dire d'acheter 1.000 actions. Mais, pour une raison ou une autre, vous semblez toujours oublier.

Heureusement pour vous. A la fin de la semaine, la valeur s'effondre. Un concurrent est arrivé en bourse qui a changé toutes les données.

Remerciez le ciel de ne pas avoir acheté cette action et, pendant que vous y êtes, remerciez aussi votre intuition.

Réponse à **l'exercice 25 :** vous répondiez à votre 3ème question.

- 28 -

Intuition et vie personnelle

Comment j'utilise l'intuition dans ma vie

J'ai pensé que le meilleur moyen d'illustrer la manière dont vous pouvez utiliser l'intuition dans votre vie était de prendre mon exemple personnel.

Mon exemple le plus frappant concerne un voyage à Rome à l'époque où je faisais souvent la navette entre New York et l'Italie. J'avais soigneusement organisé mon voyage pour respecter un emploi du temps serré mais, au dernier moment, quelque chose me mit mal à l'aise.

La veille de mon départ, j'ai donc décidé de changer mon billet, ce qui me coûta une somme rondelette. Deux jours plus tard, la nouvelle tomba : il y avait eu un grave attentat à l'aéroport de Rome, précisément à l'heure à laquelle j'aurais dû atterrir.

Aurais-je été tuée si je n'avais pas changé mon billet ? Je n'en sais rien mais je n'aurais pas aimé tenter le diable. Toujours est-il que grâce à mon intuition, j'avais changé mon billet d'avion malgré les frais encourus.

Mais ceci n'est pas quelque chose à faire régulièrement. Par exemple, je suis souvent allée à Los Angeles à l'époque où les voyants disaient que la Californie allait s'effondrer dans le Pacifique et que le Nevada serait sur le front de mer. Dans ces cas-là, j'interroge ma propre intuition. Si aucune information ne m'encourage à changer mes dates de départ ou de retour, je ne le fais pas. J'ai bien eu quelques frayeurs mais je ne me suis pas encore retrouvée au fond du Pacifique.

Je me souviens avoir exercé mon intuition sur moi-même il y a longtemps, quand j'étais en Italie. J'ai reçu l'impression que mon appartement de New York avait été cambriolé. J'entendais la chanson « Susanna » en arrière-plan. J'ai vu l'ami qui était sensé s'occuper de mon appartement et qui ne s'en occupait pas. J'ai aussi rêvé que mon chat avait la queue tordue.

J'ai donc téléphoné à mon ami et lui ai dit de donner les clés à une autre amie, Paola, pour éviter à sa femme, Susie, d'aller chez moi puisqu'elle venait d'apprendre qu'elle était enceinte. Puis j'ai appelé Paola pour lui dire de faire changer la serrure. Une semaine plus tard, Paola m'appelait pour me dire qu'elle avait emmené mon chat chez le vétérinaire parce qu'il s'était pris la queue dans une porte.

Je ne sais pas si toutes mes intuitions étaient justes mais je crois que j'ai bien fait d'éviter à Susie d'aller chez moi étant donné la véracité de mon rêve sur le chat.

Mon intuition et mon rêve m'avaient dit beaucoup de choses.

Pratiquée quotidiennement, l'intuition peut vous apprendre beaucoup de choses. Pour ma part, j'aime bien faire un exercice d'intuition tous les matins. La question est souvent vague, par exemple : « Comment vais-je aujourd'hui ? » ou « Que dois-je apprendre pour vivre mieux cette journée ? » Parfois aussi, je prépare plusieurs questions au début de la semaine, je les mets dans des enveloppes et j'y réponds en aveugle au fil de la semaine. Je prépare toujours quatorze questions pour la semaine de façon à ne pas savoir à laquelle je réponds le dernier jour. Je mets également plusieurs fois la même question dans les enveloppes.

Vous pouvez également faire cette pratique quotidienne de l'intuition avec votre conjoint(e) ou un(e) amie, échanger vos enveloppes au début de la semaine et répondre chaque jour aux questions de l'autre. Ceci peut vous donner le sens de votre journée, de vous-même, de votre vie et vous maintenir centré sur ce qui compte vraiment pour vous. Cela vous permet également d'éviter l'énervement. J'ai fini par apprendre que si, en regardant un tableau, je me dis qu'il pourrait tomber, il vaut mieux que j'aille vérifier tout de suite comment il est accroché. Il n'y a rien de plus frustrant que de se dire qu'on avait raison une fois que quelque chose de désagréable s'est produit.

LA TECHNIQUE DU CERCLE

Au chapitre 21, je vous ai présenté la technique du carré qui permet de voir une suite d'événements amenant à un résultat particulier. Voici maintenant celle du cercle avec laquelle vous envisagez une question en donnant les détails concernant les différentes influences internes et externes exercées sur une situation donnée.

Si vous avez besoin d'un support visuel pour travailler, dessinez un cercle.

— Vous êtes le centre du cercle.
— L'environnement et les influences extérieures se trouvent en dehors du cercle.
— La circonférence du cercle est la limite de contact entre vous et les influences extérieures.
— Secouez le cercle pour bousculer les perspectives et tenter d'avoir une vue d'ensemble de la situation ou une solution possible. A quoi ressemble maintenant l'intérieur du cercle ? A quoi ressemble l'extérieur ? A quoi ressemble la limite de contact ou ligne de démarcation ?

EXERCICE 26
LA TECHNIQUE DU CERCLE

Vous allez répondre à la question correspondant à cet exercice et notée dans les pages suivantes.

Imaginez maintenant que vous êtes au centre du cercle. Laissez-vous recevoir une image qui vous décrive. Quelle est cette image ?

Laissez un environnement s'épanouir autour de vous dans votre imagination. Décrivez comment sont les choses à l'intérieur du cercle. Puis regardez à l'extérieur et décrivez ce qui est autour de vous.

Imaginez maintenant que vous êtes la circonférence du cercle. Décrivez-vous.

Imaginez que vous pouvez percevoir les choses à l'extérieur du cercle. Décrivez l'environnement. Que et qui voyez-vous ?

Imaginez maintenant que vous êtes à l'extérieur de votre cercle et que vous regardez à l'intérieur. A quoi ressemble votre cercle vu de l'extérieur ?

Notez vos réponses dans votre carnet d'intuition sous l'en-tête exercice 26. Une fois que vous aurez terminé, vous pouvez allez voir à quelle question vous répondiez dans cet exercice.

LA RÉPONSE D'UNE ÉLÈVE

Voici comment une élève a répondu, par la technique du cercle, à sa question qui se trouvait dans une enveloppe cachetée.

> Le centre du cercle (vous) : *Du velours bleu. Le tissu ne sait pas dans quel sens aller. Il est fragile, s'abîme facilement et se répare difficilement. Ceci contient de la peur mais aussi une profondeur. Car le velours est calme en profondeur. Je veux aller en profondeur et transformer l'intérieur pour qu'il n'y ait plus besoin de tissu. A l'intérieur, tout est en ordre.*
>
> L'extérieur du cercle (votre environnement et les influences extérieures) : *L'extérieur du cercle pousse vers l'intérieur. Je me demande à quelle question je suis en train de répondre. Je reçois un nom en M qui est hostile. L'extérieur se bagarre avec lui-même à propos du cercle mais il ne le touche pas vraiment. Le cercle est sous pression à cause d'une sensation de conflit extérieur. Je vois maintenant une déchirure dans le cercle et quelque chose de noir qui essaie de rentrer et qui assombrit le velours. Je vois janvier, peut-être le 11 janvier. Je vois le noir qui encercle le bleu mais ne le fait pas disparaître. Le bleu devient plus dense et le noir se dissipe au-dessus. Je vois des fleurs de printemps. Le bleu s'élargit et remplit à nouveau le cercle bien qu'il soit encore plus sombre au centre. Je veux savoir quand le bleu deviendra à nouveau uniforme. Je le vois qui se transforme en un très beau violet pourpre au mois d'août ; il ne perd pas sa qualité printanière mais se transforme en quelque chose de plus adapté à la*

saison. Le pourpre mène à un autel en septembre ou peut-être début octobre car je vois des citrouilles mais pas encore les lanternes d'halloween.

La circonférence (ce qui est entre vous et les influences extérieures) : *Je ressens quelque chose de difficile, un extérieur dur qui rencontre un centre qui cède, qui fléchit et, là où le centre fléchit, l'extérieur peut pousser sur la circonférence jusqu'à ce qu'elle se déchire. Mais je ne veux pas durcir la circonférence. Je veux augmenter la densité et la cohérence de ce qui est à l'intérieur jusqu'à ce que l'intérieur puisse soutenir la circonférence au point qu'il n'y ait plus besoin de ligne de démarcation. En disant cela, je réalise à quel point c'est difficile. Je cherche une autre solution. Je crois que ce serait peut-être de rendre la circonférence si brillante qu'elle éblouirait les intrus. Je regarde comment ça serait réalisable. C'est réalisable en restant calme. Je reçois le nom de Jody et un autre nom en J.*

Secouer le cercle (pour bousculer les perspectives et tenter d'avoir une vue d'ensemble de la situation ou une solution possible) : *Je vois un volcan éteint. Je vois un mois en A, avril. Je vois les montagnes et un nouvel endroit. Je me vois tourner autour du volcan qui est définitivement éteint et n'aura plus jamais d'éruption. Le volcan s'est vraiment éteint au printemps mais ce n'est que maintenant que j'ai récupéré mon énergie. Le coup fatal a été porté le 8 janvier. L'extérieur du cercle n'est plus un problème. La circonférence et le centre ne font plus qu'un. Je suis maintenant dans un cercle complètement différent.*

Voici comment cette élève a interprété ses impressions après avoir ouvert l'enveloppe et lu sa question : « Mes conditions de travail vont-elles s'améliorer ? »

Une chiquenaude suffit à me renverser ! Si j'en crois mes impressions intuitives, il semblerait que je vais quitter mon emploi ! C'est vrai que j'y ai pensé mais je suis toujours hésitante, ce qui pose aussi problème dans d'autres domaines de ma vie. La première partie est une description précise de ce que c'est d'être moi. J'aime bien ce que je fais mais il y a trop de personnalités conflictuelles dans mon environnement de travail. Je sais précisément qui est la personne qui a un nom en M.

J'ai des difficultés dans mon travail à cause de mes hésitations habituelles. Je ne m'en tiens jamais à une décision et il est donc facile pour les autres de me faire faire ce qu'ils veulent. Je crois que mes impressions intuitives me donnent ici le conseil de trouver ma voie et de m'y tenir.

Je crois que les impressions que j'ai reçues me disent que mes conditions de travail vont s'améliorer au printemps mais que de toute façon je vais quitter cet emploi vers le mois d'août. On dirait même que je vais peut-être être renvoyée. J'ai l'impression que beaucoup de choses se passent en janvier, début janvier. J'ai l'impression que je ne peux pas faire grand-chose pour changer la situation sauf peut-être me protéger en étant plus ferme et plus résolue.

Si je n'ai pas un nouvel emploi en août (le centre violet pourpre), j'en aurai certainement trouvé un en automne (l'autel). Sinon, j'envisagerais de retourner à Hawaï où j'ai grandi. Je suis arrivée en Californie quand j'avais vingt et quelques années. Au départ, je n'avais pas l'intention d'y rester longtemps mais ça fait maintenant plus de dix ans que je suis ici.

CONSEIL PRATIQUE

Vous pouvez faire cet exercice à l'envers en regardant d'abord l'avenir (en « secouant le cercle ») puis en demandant ce qu'exigent les différentes parties du cercle pour obtenir un résultat positif.

Réponse à l'**exercice 26** : vous répondez à votre 2e question.

- 29-

UN DERNIER COUP D'ŒIL À VOS TROIS QUESTIONS

SORTEZ VOTRE CARNET D'INTUITION

Commencez par rassembler pour chaque question les impressions intuitives qui y correspondent. Si vous n'avez pas noté votre interprétation à chaque fois, faites-le avant de poursuivre. Pour l'instant, considérez séparément chaque groupe d'impressions sans vous laisser influencer par vos autres réponses à cette même question. Ce n'est qu'ensuite que vous pourrez commencer à intégrer toutes vos impressions pour qu'elle forment une réponse cohérente à une question donnée. Allons-y.

Prenez vos impressions et l'interprétation que vous en avez faite pour la question 1. Réfléchissez aux questions suivantes :

— Vos impressions sont-elles toutes d'accord ? Si elles sont contradictoires, cela met-il en lumière d'autres options ?
— Vos impressions répondent-elles directement à la question ou plutôt à d'autres domaines de votre vie ?
— De quelle façon les impressions brutes (non interprétées) sont-elles semblables ? Quels sont les noms, endroits, périodes de temps, sentiments, etc. qui présentent des similitudes ?
— De quelle manière vos impressions confortent-elles ou démentent-elles votre évaluation intellectuelle ou affective de la question ?

— Maintenant, utilisez vos réponses à ces questions et toute autre question qui vous vient à l'esprit pour construire une réponse complète. Puis transcrivez votre réponse dans un style de tous les jours comme si vous vouliez la communiquer à quelqu'un qui ne croit pas à l'intuition. Les interprétations que vous avez faites au cours des différents exercices vous ont permis d'acquérir une certaine pratique de la chose.
— Examinez les différences dans vos interprétations, s'il y en a, et utilisez ces différences pour interpréter les choix qui se présentent à vous.

Faites la même chose pour les deux autres questions.

Une fois que vous aurez déterminé votre réponse, vous devez vous demander quelles autres questions cette réponse fait naître et en chercher la réponse dans vos impressions brutes (non interprétées). Prenez maintenant toutes les informations que vous avez. Organisez ces informations par périodes de temps : réunissez celles qui concernent le passé, celles qui concernent le présent, celles qui concernent l'avenir.

Puis prenez le temps d'interpréter ces informations comme un tout. Si certaines informations sont contradictoires, y a-t-il une impression intuitive ou une connaissance que vous auriez de la situation qui puisse expliquer cette contradiction ?

Si le résultat obtenu ne vous plaît pas, y a-t-il une information contenue dans vos impressions qui vous permette de changer ce résultat ? Quand et comment ce changement serait-il opportun ?

RASSEMBLER LES CHOSES EN UN TOUT COHÉRENT

Après avoir fait tous les exercices de ce livre, vous disposez maintenant de nombreuses informations sur vos questions. Rassemblez vos notes question par question. Réfléchissez maintenant aux questions suivantes à propos de vos impressions et de leur interprétation :

— Qu'ont en commun vos impressions et interprétations concernant une même question ?
— Que vous disent-elles sur l'issue de votre question ?
— Quelles nouvelles questions font-elles apparaître à propos de votre question de départ ?

Vous remarquerez probablement que vos réponses à chaque question vous donnent beaucoup d'informations supplémentaires sur votre vie et son évolution mais sans lien direct avec votre question de départ. Vous pouvez utiliser ces informations complémentaires pour faire de meilleurs choix. Examinez toutes les informations que vous avez récoltées et cherchez-y des options plutôt que des réponses.

- 30 -
Quelques réflexions à propos de l'intuition, de la nature de la réalité et de l'état du monde

Avant de se quitter

Mon but, en écrivant ce livre, était de vous aider à redécouvrir une faculté oubliée et d'en faire un outil efficace. Bref, mon but était d'ordre pratique.

Cependant, comme nous l'avons évoqué au chapitre 10, l'existence de l'intuition a des implications profondes dans notre manière d'envisager le monde. Je ne sais pas comment fonctionne l'intuition mais le fait qu'elle fonctionne nous dit quelque chose à propos de l'existence et de la vie.

Je voudrais maintenant vous confier quelques notions auxquelles vous pourrez réfléchir dans les semaines et les mois à venir.

Pourquoi nous avons de l'intuition : une hypothèse « scientifique »

Au même titre que nos autres sens, l'intuition est avant tout un outil de survie. Elle a pour but de vous transmettre instantanément des informations. A l'époque où notre vie était plus précaire, la survie d'un individu dépendait grandement de sa capacité à capter et à comprendre son environnement. Les plus intuitifs avaient de bien meilleures chances de survie.

Aujourd'hui, nous avons tendance à nous en remettre à nos facultés plus « sophistiquées » ou plus « civilisées ». Souvenez-vous cependant que les sens les plus fiables sont ceux qui se développent en premier. Ainsi, notre sens du toucher se développe avant celui de la vue ; quant à notre intellect, il se développe en dernier. La nature nous dit donc sur quoi nous pouvons compter pour survivre et, si nous avons de l'intuition, c'est qu'il y a une raison.

La plupart des questions de votre vie concernent l'avenir ; l'intuition, qui est avant tout un outil de survie, est particulièrement adaptée à percevoir l'avenir. Il est très probable que l'intuition soit le sens (ou l'ensemble de sens) le plus adapté pour récolter des informations auxquelles vous n'avez pas accès dans votre environnement immédiat.

Pour la plupart d'entre nous, c'est un processus inconscient qui subit en outre les interférences de notre raison et de nos émotions. En prenant conscience de l'information intuitive, nous élevons ces précieuses données au-dessus du niveau émotionnel jusqu'au niveau de l'intellect. Le résultat, c'est que nous prenons des décisions plus raisonnées. C'est donc bien en séparant l'information intuitive des pensées et des émotions — qui peuvent voir ou non les choses avec justesse — que l'intuition devient pour nous un outil fiable et utile.

Pensées communautaires

Le corps est une communauté de cellules et d'expériences physiques ; l'esprit est une communauté de pensées et de souvenirs ; la vie affective est une communauté d'expériences et de réactions émotionnelles à ces expériences ; et un être humain est composé de tous ces éléments qui peuvent ou non bien fonctionner ensemble.

Nos relations se nouent avec de nombreuses communautés d'êtres humains : professionnelles, sociales, familiales, politiques, idéologiques…

Prenons quelques instants pour examiner les communautés avec lesquelles nous sommes en contact. Nous confions généralement notre corps, notre vie spirituelle, nos émotions à des médecins, à des psychiatres, à des églises, à des partis politiques ou à des mouvements idéologiques. Nous allons voir des gens qui pratiquent le « channeling » ou la voyance pour leur demander ce que nous savons de toute façon déjà et que nous pourrions mettre au jour si nous savions regarder en nous-mêmes. Nous dépensons beaucoup d'argent et allons chercher bien loin ce qui se trouve sous notre nez.

Je ne dis pas que ces professionnels et ces institutions n'ont pas leur place mais nous utilisons leurs services alors que nous ne connaissons même pas nos propres voisins.

Lorsque je me suis installée dans mon petit quartier de Rome, ce qui m'a plu d'emblée, c'est que si la lumière ne marchait pas, on appelait un ami qui avait un oncle électricien. Et si on ne se sentait pas bien, on appelait d'abord son voisin et le médecin dans un second temps seulement.

Recourir à l'intuition et à la guérison, reconnaître que nous avons tous notre talent et découvrir qu'en fait il n'y a pas d'experts, nous rend la maîtrise de notre vie, que ce soit dans le domaine de nos relations ou dans celui des cellules de notre corps.

Si je n'avais qu'un seul message à vous faire passer dans ce livre, ce ne serait pas de vous dire que vous êtes intuitif. Ce serait que **nous sommes tous davantage capables d'aider que nous ne le réalisons**. C'est pourquoi votre voisin a davantage à vous offrir que vous ne le croyez. Aidez et demandez de l'aide : ce faisant, vous offrirez à votre entourage la grande bénédiction du partage.

A PROPOS DE LA PRÉDESTINATION

Il y a une question qui se pose souvent, même parmi les intuitifs très expérimentés : « Si je peux prédire des événements à venir, cela veut-il dire que tout est « écrit » et prédestiné ?

Si vous arriviez à me convaincre que toutes les actions et tous les événements étaient prédestinés, je n'aurais plus jamais recours à l'intuition. Je vivrais tout simplement ma vie. Il y a beaucoup de choses à l'extérieur de notre champ d'influence (par exemple, le lieu et l'heure d'un tremblement de terre) mais il y a aussi beaucoup de choses à l'intérieur. Nous ne sommes pas obligés de nous trouver à l'épicentre ce jour-là.

La pratique de l'intuition élargit notre champ d'influence, d'expériences et de possibilités. Si vous pouvez identifier un événement à venir ou identifier la série de conditions qui vont aboutir à cet événement, vous pouvez choisir de co-créer un avenir différent s'il se trouve dans votre champ d'influence ou choisir une action ou une réaction différente s'il se trouve en dehors. Vous avez déjà fait cela avec les exercices de ce livre.

Prédire quelque chose, c'est voir la plus forte probabilité. Les prédictions ont tendance à être précises parce que le schéma de tout système, y compris celui des êtres humains, a tendance à être statique. J'entends souvent les gens raconter des histoires de prédictions qui leur ont fait peur, par exemple : « Elle m'a dit que j'allais avoir un accident de voiture au mois de juillet. »

Si l'on m'avait dit cela, j'aurais commencé par poser les questions suivantes :

— Quand en juillet ?
— Dans une voiture de quelle couleur ?
— Qui est au volant ?
— Quelle est la gravité de l'accident ?
— Qui est avec moi ?

Et je n'oublierais certainement pas de poser la question la plus évidente : comment puis-je éviter cet accident ?

A propos de la création collective de la réalité

L'imagination est la voie d'accès aux ressources de notre esprit et de notre expérience. L'imagination est la faculté de créer et d'embellir. A partir de quoi créons-nous si ce n'est de notre mémoire et de nos expériences et de l'information qui est à notre disposition dans l'inconscient collectif et dans ce que j'aimerais appeler notre conscient collectif ?

Le conscient collectif fonctionne selon la croyance que nos actions — tant au plan individuel que collectif et planétaire — créent un schéma et une direction qui, sauf interception et changement de trajectoire, sont déterminés par le mouvement du passé et du présent.

Pensez à un ballon. Vous faites rouler ce ballon, il part dans la direction que vous lui avez donnée et, si vous connaissez le terrain et les obstacles qu'il va rencontrer sur son chemin, vous avez une idée assez précise de l'endroit où il va s'arrêter.

Pensez maintenant à des milliers de ballons qui roulent dans tous les sens. Si vous connaissiez le point de départ de chaque ballon et la nature du terrain, vous sauriez à quel endroit et à quelle vitesse votre ballon va rencontrer un autre ballon qui va changer sa trajectoire. Ces informations vos permettraient également de changer la direction de votre ballon. En fait, en changeant la direction d'un seul ballon, le vôtre, vous avez la possibilité de changer la trajectoire de tous les ballons avec lesquels le vôtre entrera en contact, directement ou indirectement.

La réalité n'est rien d'autre qu'un consensus.

A propos de l'interdépendance de tout

Si l'intuition démontre quelque chose, c'est bien l'interdépendance de tout. Si l'on accepte un tant soit peu ce qu'a dit C. G. Jung à propos de la synchronicité, tout est relié à un même niveau. Tout ce qui manque, c'est une question — la bonne question. Les facultés parapsychologiques n'ont rien à voir avec les croyances religieuses ou spirituelles même si l'ouverture que donne la pratique intuitive peut s'avérer utile sur le chemin spirituel.

L'accélération des progrès technologiques au cours des cinquante dernières années est lentement rejointe par l'émergence d'une éthique afin que les applications technologiques ne détruisent pas notre planète. La tour est trop haute et, un peu à contrecœur, nous retournons vers sa base pour consolider les fondations. Ceci va engendrer des questions sur la manière dont nous voulons utiliser nos ressources technologiques et naturelles, l'orientation que nous voulons donner à leur développement, la manière aussi de protéger ce qui a le plus de valeur pour nous. C'est dans notre esprit que nous cherchons des réponses à nos choix matériels. Le matériel et le spirituel cherchent à s'harmoniser.

Les voyages et les moyens de communication se sont tellement développés que nous appartenons chaque jour davantage à une communauté mondiale et hétérogène. Dans l'idéal, ceci devrait nous encourager à voir ce qui unit tous les êtres humains entre eux et transcende les différences de race, de nationalité, de religion, de politique et d'idéologie.

Pas un seul flocon de neige n'est identique à l'autre mais la faculté qu'ont les flocons de tomber ensemble fait qu'ils forment une communauté, une couche de neige. L'intuition nous aide à explorer non seulement nos différences mais aussi notre unité. Cette quête d'un sentiment d'appartenance, d'un lien — que ce soit avec notre planète, avec Dieu ou avec les autres — est ma définition de la spiritualité.

A propos du partage de l'espace sur notre planète

Comme je l'ai dit, l'intuition nous aide à explorer non seulement nos différences mais aussi notre unité. Dans ce livre, vous vous êtes autorisé à « connaître » des événements, des gens et des perspectives qui se situent au-delà du champ de votre expérience directe et ceci a changé quelque chose en vous, a modifié votre chemin. Qu'est-ce que cela vous dit de l'impact qu'a votre façon d'être sur le monde ?

Notre société a commencé depuis quelque temps à se préoccuper d'écologie. Mais, dans le même temps, notre pratique de l'écologie sociale s'est érodée. Bien souvent, nous n'honorons pas les gens de notre entourage comme on le devrait ; bien souvent nous ne nous tournons pas vers l'autre avec bonté. J'essaie de me rappeler qu'il est important de sourire aux gens dans le métro même si j'ai suffisamment de bon sens pour savoir que dans une grande ville comme New York, il n'est pas toujours opportun de faire des sourires à tout le monde !

J'essaie d'apprendre à mon fils à dire bonjour en pensant vraiment à ce qu'il dit. J'offre mon siège au personnes âgées dans les transports urbains. Quand on réalise toutes les informations, les sentiments et la compréhension qu'on doit aux autres, cela n'ajoute-t-il pas foi à la sagesse qui dit de ne pas faire à autrui ce qu'on ne voudrait pas qu'on nous fasse. N'est-il pas évident que nous avons inconsciemment une communauté d'expériences bonnes ou mauvaises ?

La pratique de l'intuition est une partie importante de ce système. En intégrant l'intuition dans notre vie, nous reprenons une partie au moins de ce pouvoir de décision que nous avions délégué à des inconnus, experts dans un domaine ou un autre. En partageant notre intuition les uns avec les autres, nous fournissons non seulement de précieuses ressources situées au-delà de notre champ de connaissance mais nous favorisons également la prise de conscience que nous sommes intimement touchés par les expériences les uns des autres.

A PROPOS DE L'ESPACE ET DU TEMPS

Si tout est effectivement interdépendant, nous devons revoir sérieusement l'idée que nous nous faisons de l'espace et du temps. L'intuition nous enseigne que les choses ne sont séparées ni dans l'espace ni dans le temps. Il n'y a pas de passé ni de présent ni d'avenir. Nous faisons cette distinction parce que, en tant qu'êtres humains, nous devons structurer le monde, sinon nous raterions tous nos rendez-vous !

Les gens ressentent aujourd'hui le besoin de renouer avec ces choses qui ne peuvent pas être mesurées, ces choses qui transcendent la vie et lui donne son sens. L'intuition fait pourtant l'objet de beaucoup de méfiance. Il est déconcertant de constater que notre culture accorde tant d'importance à la logique et à l'intellect que nous en sommes arrivés à ignorer cette partie vitale de nous-mêmes.

A propos de la spiritualité

Nous pouvons utiliser notre intuition pour envisager plus clairement notre vie spirituelle. De même que la lunette émotionnelle par laquelle nous percevons notre environnement et nous-mêmes est différente pour chacun, chacun a une sensibilité spirituelle différente. Même si par exemple tous les gens proclamaient qu'ils croient au même Dieu et ont la même foi, la description qu'ils en donneraient serait très différente. C'est la profondeur des interprétations individuelles de la foi qui fait évoluer la foi collective et lui confère sa profondeur.

- 31 -

EN PRIME : COMMENT, EN CINQ MINUTES, FAIRE DE N'IMPORTE QUI VOTRE VOYANT PERSONNEL

DITES ADIEU POUR TOUJOURS À SOS VOYANCE

Il est aujourd'hui impossible d'écouter les radios commerciales sans entendre une publicité pour telle ou telle agence de voyance. Bon nombre de présentateurs de télévision ont été sauvés de l'oubli en proclamant qu'ils avaient trouvé « un voyant authentique dont les dons avaient été prouvés. » A en juger par toutes les émissions du genre, c'est une affaire qui marche !

Il est naturel qu'il y ait une telle demande du public. Nous vivons une époque turbulente, dans un monde de plus en plus complexe, et beaucoup de gens cherchent un guide, des repères.

Je ne ferai pas de commentaires sur la précision de ce que disent ces agences de voyance à qui on peut téléphoner 24 heures sur 24. Néanmoins, je peux affirmer une chose qu'ils ne vous diront jamais, c'est que n'importe qui peut faire ce qu'ils font — avec peu ou pas de formation préalable.

Vous vous demandez peut-être en cet instant pourquoi vous avez fait l'effort de lire ce livre si n'importe qui peut faire de l'intuition pratique avec seulement cinq minutes de préparation.

C'est une bonne question. N'importe qui peut générer de l'information intuitive mais il faut de la pratique et de l'expérience pour interpréter cette information de façon à la rendre utile. Le tout, c'est d'apprendre à poser les questions et à interpréter les impressions intuitives qu'on reçoit.

Se faire aider par quelqu'un

Pourquoi avoir recours à quelqu'un d'autre alors que le livre que vous venez de lire vous a expliqué en long, en large et en travers comment recueillir soi-même ses impressions intuitives et les interpréter ? La réponse est simple : pour avoir une interprétation impartiale. Il est en effet difficile d'être objectif à propos de sa propre vie. Comme vous allez bientôt le voir, le fait d'enrôler un ami (ou une amie) et de le guider discrètement pendant qu'il avance « à l'aveuglette » vous permet d'accéder à une source de pures impressions intuitives. Votre tâche à vous sera de tirer un sens de ces impressions.

Vous n'avez d'ailleurs aucune raison de vous limiter à une seule personne. Vous pouvez très bien inviter plusieurs amis à donner leurs impressions intuitives, ce qui vous permettra de ratisser plus large et d'élaborer un consensus intuitif. Comme nous allons le voir, ces séances de brainstorming intuitif peuvent permettre à tous les participants de passer un bon moment.

N'importe qui peut devenir votre voyant personnel et gratuit

Souvenez-vous des deux parties de l'intuition pratique : recevoir dans un premier temps des impressions intuitives en réponse à une question soigneusement formulée et, dans un deuxième temps, traduire et interpréter ces impressions. Avec un minimum de préparation, un novice en la matière peut très bien vous fournir des impressions intuitives justes et objectives si c'est vous qui posez les questions et interprétez les réponses.

Comment faire en sorte que quelqu'un vous donne des informations intuitives spécifiques et précises ? Il faut duper la personne comme je l'ai fait avec vous dans les premiers chapitres car la plupart des gens pensent qu'ils ne peuvent pas répondre à des questions qu'ils n'ont pas lues ou entendues.

Voici comment vous y prendre.

Première étape : faire une expérience en double aveugle

Dans la recherche médicale, on utilise l'expérience en double aveugle pour s'assurer que les attentes des chercheurs n'influent pas sur les résultats. Par exemple, pour tester un nouveau médicament en double aveugle, ni les patients ni les personnes qui donnent le médicament ne savent s'il s'agit du médicament lui-même ou d'un placebo.

L'exercice qui suit est ma version de l'expérience en double aveugle. Vous allez répondre à des questions que ni vous ni l'autre personne ne connaissez.

Écrivez plusieurs questions sur des feuilles de papier séparées mais identiques (une question par feuille). Pliez ensuite les feuilles en quatre puis mettez-les dans des enveloppes séparées.

Deuxième étape : expliquez les règles de base

Dites à vos « lecteurs » d'intuition que vous allez leur donner à chacun une enveloppe contenant une question et que vous aimeriez qu'ils vous disent quelles impressions ils ont. *Ne leur dites pas qu'ils font un exercice d'intuition ni même qu'il répondent à la question posée dans l'enveloppe.* En effet, si tel était le cas, ils auraient des résistances internes qui bloqueraient leur intuition. Ce qui marche souvent bien, c'est de dire à vos futurs « lecteurs » d'intuition que vous voulez faire une expérience pour laquelle vous avez besoin de leur participation. Expliquez-leur que la seule chose qu'ils aient à faire, c'est de suivre vos instructions. Voici une idée de la manière dont je présente les choses :

> *Comme vous le savez, il y a ici plusieurs questions sous enveloppe cachetée. Je vais bientôt vous donner une première enveloppe. J'aimerais simplement que vous me fassiez part de toutes vos impressions à propos de la question inconnue que vous tiendrez dans la main.*

Je sais bien que cela va vous paraître bizarre que ni vous ni moi ne sachions quelle est la question. Je n'attends pas de vous que vous répondiez juste. Pensez simplement avec confiance que tout ce que vous me direz en réponse à cette question me fournira des renseignements de valeur.

Avant que je ne vous remette la question, respirez profondément et prenez conscience de ce que vous ressentez ; prenez également conscience des choses qui vous entourent. Portez votre attention sur ce que vous ressentez en cet instant. Que voyez-vous, qu'entendez-vous, quelles odeurs sentez-vous ? Quelles pensées ou souvenirs ou images traversent votre esprit ? Nous faisons ici une petite vérification de ce dont vous avez conscience afin que vous puissiez identifier les changements de votre ressenti une fois que vous aurez l'enveloppe entre les mains.

Je vais bientôt vous tendre la première enveloppe. Je vais vous demander alors de me faire part de tout ce que vous voyez, entendez, sentez, pensez, de tous les souvenirs ou images qui vous traversent l'esprit. Bref, je souhaite que vous me fassiez part de toutes vos impressions, même si elle n'ont aucun sens pour vous ou qu'elles vous semblent bêtes ou inventées de toutes pièces.

Bon, on y va. Respirez profondément. Je vais maintenant vous remettre l'enveloppe. Je vous demande de vous mettre à parler dès que vous aurez l'enveloppe entre les mains et de parler sans vous arrêter. Si vous êtes bloqués et que rien ne vienne, inventez quelque chose.

Pour votre part, adoptez une attitude ludique, de pince-sans-rire par exemple. Souvenez-vous en effet que vous devez aider votre « lecteur » à prétendre qu'il peut répondre à la question qui est dans l'enveloppe.

Troisième étape :
PRENDRE NOTE DES IMPRESSIONS DE VOS « LECTEURS »

Lorsque vous aurez terminé votre petit speech, donnez une enveloppe à chacun des participants, numérotez les enveloppes et préparez-vous à prendre note des impressions dont ils vous font part. Il vous sera sans doute plus facile d'utiliser un magnétophone que de tout noter par écrit. **Même si vous réalisez assez rapidement quelle question est en jeu, n'ouvrez pas les enveloppes avant d'avoir noté toutes les impressions des participants.**

AIDER VOS « LECTEURS » EN LES INTERROGEANT

Étant donné que vos amis ne connaissent pas les questions, ils ne peuvent pas avoir recours à la logique pour « deviner » la réponse. En leur disant d'inventer une réponse si nécessaire, vous leur fermez à double tour la porte du raisonnement et les obligez à s'en remettre à leur seule intuition. Les résistances les plus fortes tombent généralement lorsqu'on suggère à la personne qu'elle fasse comme si elle connaissait la question contenue dans l'enveloppe.

Si vos « lecteurs » sont véritablement bloqués et vous disent qu'ils ne reçoivent aucune impression, dites-leur de prétendre que ce blocage fait partie de la réponse. Vous pouvez également, si vos « lecteurs » sont bloqués ou s'ils partent dans une direction que vous ne comprenez pas, leur demander de développer chacune de leurs impressions. Étant donné que vous ne savez pas quelle question se trouve dans leur enveloppe, laissez votre intuition vous guider.

Voici quelques questions utiles pour guider vos « lecteurs » :

— Percevez vous un oui ou un non ? Qu'est-ce qui vous fait penser cela ?
— Quelle impression avez-vous concernant cette question dans six mois ? Dans un an ?
— Quels noms vous viennent à l'esprit ? Quelles initiales ? Décrivez en détail. Que se passe-t-il ?
— Quels lieux vous viennent à l'esprit ? Décrivez-les en détail.
— Quels souvenirs vous viennent à l'esprit ? Décrivez-les en détail.
— Quels sentiments vous viennent à l'esprit ? Décrivez-les en détail.

Ne parlez pas des questions à vos amis avant d'avoir eu la possibilité de regarder et d'apprécier leurs impressions intuitives. Si vos « voyants personnels » restent vagues, demandez-leur de développer un peu. Pour cela, vous serez peut-être obligé de poser quelques questions.

Voici l'enregistrement d'un dialogue entre une personne que j'ai utilisée comme voyante personnelle et moi :

LAURA :	Quand vous avez vu Jerry, que faisait-il ?
« LECTRICE » :	Je n'en sais rien. J'ai juste vu mon ami Jerry.
LAURA :	Regardez à nouveau Jerry et dites-moi ce qu'il fait.
« LECTRICE » :	Ça fait vraiment longtemps que je n'ai pas eu de ses nouvelles mais je sais que, la dernière fois que je lui ai parlé, il était en train de changer d'orientation professionnelle.
LAURA :	Pensez-vous que ce changement lui a été bénéfique ?
« LECTRICE » :	Je ne sais pas, je n'ai pas de ses nouvelles.
LAURA :	Mais d'après vous ?
« LECTRICE » :	Je pense qu'il est sur la bonne voie mais ça va prendre un peu plus longtemps qu'il ne le pensait au départ.
LAURA :	Beaucoup plus longtemps ?
« LECTRICE » :	Qu'est-ce que j'en sais ?
LAURA :	Essayez de deviner. Dites-moi le premier chiffre qui vous vienne à l'esprit.
« LECTRICE » :	Bon, d'accord. Trois. Vous êtes contente ?
LAURA :	Trois quoi ? Jours ? Semaines ? Mois ? Années ?
« LECTRICE » :	Plus court que des années, plus long que des semaines. Des mois, je suppose.

Et ainsi de suite. Nous avons poursuivi un peu cette « interrogation ». Comme vous pouvez le voir, il faut parfois pousser ses « lecteurs » dans leurs retranchements !

Quatrième étape :
INTERPRÉTER ET APPRÉCIER LES IMPRESSIONS DE VOS « LECTEURS »

Un novice répond généralement en parlant un langage compréhensible car son inconscient sait que c'est vous l'interprète. C'est pourquoi les impressions d'un « lecteur » sont souvent plus compréhensibles pour vous que pour lui ou pour elle.

Vous découvrirez également que les « inventions » d'un novice sont généralement justes. Pourquoi ? Parce qu'il est plus facile pour le subconscient de répondre à votre question que de chercher quelque chose à inventer. Une fois que le processus est en route, votre ami(e) ne peut plus faire autrement que de « lire » les impressions qu'il ou elle reçoit.

Ouvrez la première enveloppe et regardez la question. Maintenant que vous avez pris connaissance des impressions intuitives de vos amis, utilisez votre raisonnement pour interpréter leur pertinence à la question.

Comparez ce que vous dit votre esprit rationnel ou affectif avec ce que vous dit votre intuition à propos de la question. Si la question était : « Aurai-je une promotion dans mon travail dans les six prochains mois ? » votre réaction intuitive sera peut-être différente de votre réaction logique. En comparant et en combinant ces différentes modes de perception, on obtient un important dossier d'informations qui permettent de répondre à la question.

Lorsque vous en êtes à ce stade, il est tout à fait envisageable que votre ami(e) vous aide à interpréter ses images et impressions intuitives. Disons par exemple que votre ami(e) ait reçu à plusieurs reprises les lettres *B* et *L*. Sans le secours de votre ami(e), vous n'auriez peut-être pas réalisé qu'il s'agissait là des initiales de son ex-employeur représentant votre ex-employeur à vous dans le fonctionnement intuitif de votre ami(e).

COMMENT ÊTRE VOTRE PROPRE VOYANT(E)

Si vous avez du mal à être objectif pour les sujets vous concernant directement, vous pouvez appliquer cette méthode à vous-même. Écrivez vos questions sur différentes feuilles de papier, mettez-les dans des enveloppes que vous numérotez ensuite. Reprenez ces numéros pour noter vos impressions correspondant à chaque enveloppe. Résistez à la curiosité de les ouvrir jusqu'à ce que vous ayez noté vos impressions pour chaque enveloppe.

UN EXEMPLE AMUSANT

Pour démontrer la précision des impressions intuitives d'un débutant, j'ai organisé un jeu avec trois amis sceptiques, un soir chez moi. Nous venions de finir le dîner. Je leur avais dit, au cours du repas, qu'il me suffisait de cinq minutes pour faire de n'importe qui un voyant. Puisque nous avions envie de louer un film pour la soirée, je leur ai proposé le jeu suivant : l'un de nous allait choisir un film au hasard dans un gros catalogue de location ; les trois autres décriraient le film en détail avant que le choix ne soit fait.

Comme avec la technique des enveloppes cachetées que je viens de décrire, il s'agit ici d'une expérience en double aveugle. Les trois groupes d'impressions que nous allons analyser ont été recueillis simultanément sur des carnets pour éviter que les participants s'influencent l'un l'autre.

Les deux premiers (débutant A et débutant B) étaient parfaitement sceptiques à propos de l'intuition ; je leur ai donc dit de prétendre qu'ils étaient voyants. Je leur ai fait un speech de présentation légèrement différent de celui que je vous ai donné plus haut et nous avons commencé.

Les informations qui semblaient incertaines sont suivies d'un point d'interrogation. Vous remarquerez que mes impressions étaient plus succinctes que celle de mes deux amis. C'est qu'avec l'expérience, on tâtonne moins avec les mots pour exprimer ses impressions.

LES IMPRESSIONS DU DÉBUTANT A

A cheval sans selle. Des cow-boys ? De la fumée. Une plage, du sable. Peut-être chaud et sec comme l'Ouest mais près des montagnes. Une impression de traverser une rivière, un lac, enfin de l'eau, pour retrouver quelqu'un ou pour fuir. Le siècle dernier ou le début de ce siècle. L'Ouest américain. Le désert. Chaud et sec, peut-être le Colorado. Quelqu'un qui essaie d'avoir quelqu'un d'autre. L'action se passe à l'extérieur, pas un film intellectuel à la Woody Allen. Surtout des hommes dans l'histoire. Pas vraiment une histoire d'amour. La recherche de quelque chose ou de quelqu'un, une poursuite. Un vol, une histoire d'argent ? Butch Cassidy et le Kid ?

LES IMPRESSIONS DU DÉBUTANT B

Des dinosaures qui avancent dans la prairie comme dans Jurassic Park. Des dragées qui sautent dans un pot. Patauger dans l'eau comme dans la scène avec Gene Kelly dans Chantons sous la pluie. Monty Python sacré Graal. *Une phrase tapée sans relâche à la machine comme Jack Nicholson dans ce film d'horreur,* Shining. *Une odeur d'ordures que j'ai sentie ce matin en sortant de chez moi. Une sucette. Nager vite dans l'eau froide, peut-être pour s'éloigner d'un requin ou même d'un dinosaure comme dans* Jurassic Park. *Une fuite, quelque chose de mouillé, d'à vif. L'idée que je ne suis pas très doué pour ce genre de choses. Le sentiment que j'aimerais être plus confiant, plus intuitif et que je me demande ce que je suis en train de faire. Une île. Des innocents qui essaient de vivre normalement. Une petite ville américaine. Les années soixante, soixante-dix. Je suis désolé mais je fais une fixation sur* Jurassic Park *et* Jaws.

MES IMPRESSIONS

La campagne. Des fleurs. De la musique. Des bois, il y a longtemps. Des robes longues. Pas d'eau courante dans la maison mais la technologie n'est pas loin. Une famille ou une équipe qui se constitue ou un projet communautaire (pour sauver un animal). Je reçois le nom de Sarah. la Prairie. L'époque de la Prairie, le siècle dernier. Différentes personnes ou différents intérêts qui s'unissent. La construction d'un moulin, la guérison d'une famille ou d'une communauté.

Lorsque nous eûmes tous les trois fini de noter nos impressions, notre amie ferma les yeux, ouvrit au hasard le gros catalogue et posa le doigt sur un titre de film.

L'ENVELOPPE S'IL VOUS PLAÎT

Elle choisit *La meneuse de jeu* et lut la description du film. Dans la distribution, il y avait Shirley MacLaine, Paul Ford, Anthony Perkins, Shirley Booth et Robert Morse. Basée sur la pièce de Thornton Wilder, cette comédie parle d'un veuf d'une quarantaine d'années qui a décidé de se remarier avec une jeune fille. L'entremetteuse qu'il va consulter convoite cet homme d'affaires riche mais avare tandis que la jeune fille tombe amoureuse de l'un de ses employés.

Vous reconnaîtrez peut-être là la version musicale plus connue, *Hello, Dolly* ! avec Barbra Streisand, Walter Matthau, Louis Armstrong, Michael Crawford et Tommy Tune.

NOTRE BILAN

Afin de voir avec quelle précision nos impressions correspondaient au film, nous sommes allés le louer au magasin vidéo du coin.

Nous avions tous les trois reçu l'impression d'une petite ville. Pas mal.

Deux d'entre nous avaient perçu avec justesse que le film se passait au siècle dernier. Le débutant B avait dit que le film avait quelque chose à voir avec les années soixante. Il ne s'était guère trompé : le film a été tourné en 1958 et sa version musicale date de 1969.

Deux d'entre nous avions perçu une petite ville américaine, dans l'Ouest ou la Prairie, à la fin du siècle dernier ou au début de celui-ci. Même si le film se passe à Yonkers et à New York en 1884, les scènes rappellent beaucoup une petite ville frontière avec des chevaux et des rues de terre battue juste avant l'époque des automobiles et des gratte-ciel. Pas mal non plus.

J'ai reçu le nom de Sarah. Aucun personnage ne s'appelle Sarah dans le film. Mais quand j'ai appris le sujet du film, j'ai réalisé que Sarah était aussi le nom de ma sœur cadette qui préparait son mariage. Et le film ne parle-t-il pas de mariage ?

J'ai reçu l'impression qu'il s'agissait d'une histoire d'amour et d'une famille qui se fonde. Ce qui est encore plus intéressant cependant, c'est que mes deux amis, qui sont célibataires, ont senti une poursuite ou un danger d'une nature ou d'une autre.

NOUS INTERPRÉTONS LA « VÉRITÉ » ET LE « SENS » À TRAVERS NOS EXPÉRIENCES PASSÉES

Les impressions qu'une personne reçoit reflètent ses mécanismes psychologiques inconscients d'une façon souvent très révélatrice. Il est intéressant par exemple que le débutant A, un célibataire d'une quarantaine d'années ait eu fortement l'impression que le film n'était « pas vraiment une histoire d'amour ». En un sens, il avait raison. Le film est une comédie avec des histoires de fausse identité et d'individus qui courent l'un après l'autre sous de faux prétextes.

Le débutant B, par ailleurs, est un homosexuel d'une quarantaine d'années. Il a vu le côté prédateur de l'entremetteuse du film sous forme de requins et de dinosaures (à ce propos, la dite entremetteuse du film est tout sauf menue). Le débutant B a probablement appris davantage de choses sur lui-même en faisant ce jeu intuitif qu'en plusieurs semaines de thérapie.

D'un point de vue philosophique, il n'y a pas de vérité ni d'« avenir » à prédire. Le sens et la signification des impressions intuitives, au même titre que vos impressions de tous les jours, reflètent votre individualité propre.

- 32 -

Vous venez tout juste de commencer votre voyage

Le début de votre apprentissage intuitif

Naturellement, je crois fermement au processus intuitif, ce qui le rend d'ailleurs encore plus empirique que chez la plupart des gens. Je sais que je peux avoir à ma disposition toute l'information dont j'ai besoin pour prendre une décision si j'utilise toutes les ressources disponibles : intuitives, affectives, intellectuelles, empiriques et de l'expérience. Si, par tous ces moyens réunis, je n'arrive pas à trouver des faits qui corroborent mon hypothèse de départ, c'est qu'elle est erronée.

Il y a moins de choses à apprendre que nous ne le pensons. D'une façon générale, la vie dévoile ce que nous savons déjà et nous donne l'expérience de nouveaux outils et de la faculté d'avancer dans la réalisation de nos rêves une fois que nous avons ces nouveaux outils en main.

Excusez-moi d'avoir prétendu vous apprendre quelque chose que vous saviez déjà. Je suis sûre que vous prendrez plaisir à utiliser votre nouveau savoir-faire pour mieux réaliser ce que vous souhaitez faire de votre vie et pour aider les gens de votre entourage à faire de même.

A PROPOS DE L'AUTEUR

Depuis dix ans, LAURA DAY enseigne dans le monde entier un cours qu'elle a créé et qui s'intitule « L'intuition pratique ». Elle est également conseillère auprès d'hommes et de femmes d'affaires, de scientifiques et de personnes qui viennent la consulter à titre privé.

Les Éditions Vivez Soleil

Beaucoup de gens croient que la maladie survient par hasard et que la santé consiste surtout à vivre comme un ascète en se privant des plaisirs de la vie ! Au fil des livres et cassettes des Éditions Vivez Soleil une autre vision émerge. Oui, il est possible de sortir de l'ignorance, de la peur et de la maladie sans se priver ni se marginaliser. Oui, la santé, ça s'apprend !

Par une démarche personnelle d'information et d'expériences agréables et intéressantes, chacun peut sortir de la prison des habitudes et trouver l'équilibre du corps, du cœur, de la tête et de l'âme qui mène vers le bien-être, l'enthousiasme, la créativité et le bonheur.

A travers leurs collections Santé, Développement Personnel et Communication Spirituelle, Les Perles de l'Âme, Expérience Vécue, les Éditions Vivez Soleil présentent les moyens les plus efficaces pour gérer sa vie et sa santé avec succès. Elles montrent la complémentarité de toutes les écoles de pensée et œuvrent pour une société plus harmonieuse, plus agréable à vivre, où la compétition est remplacée par la collaboration, le stress par l'humour et l'amour du pouvoir par le pouvoir de l'amour.

Numérologie et Mieux-Être

François Notter

Après “Le Grand Livre de la Numérologie”, best-seller sur ce thème, puis “La Numérologie Humaniste”, posant les bases de cette nouvelle méthode, François Notter vous offre maintenant l’éventail complet de ses travaux et recherches. Éducateurs, psychologues, thérapeutes, conseillers d’orientation… ou lecteurs ouverts : tous trouveront, au fil de ses pages, des informations fiables, des aides directes, des descriptions vivantes, qui les surprendront par leur précision et leur justesse. Ils auront à leur disposition une méthode pratique, simple et claire pour utiliser dans leur vie les messages des nombres. Des interprétations détaillées et de précieux outils de synthèse leur permettront une pratique facile de la Numérologie Humaniste.

Ce livre, en vous permettant d’avancer vers une plus fine “radioscopie de l’être”, vous invite à mieux vous rencontrer vous-même, à prendre conscience des fondements de votre personnalité et à développer vos ressources intérieures multiples. La Numérologie Humaniste vous offre la possibilités de mieux connaître :

— vos dons inexploités et votre puissance intérieure oubliée,

— vos capacités d’avancement et de réalisation personnelle,

— la circulation de l’énergie dans votre corps et vos héritages énergétiques,

— les reproductions familiales psychologiques et spirituelles,

— vos nombreuses possibilités de choix et les richesses particulières dont vous disposez pour progresser avec bonheur à travers les défis de votre existence,

— les phares et moments propices aux engagements fructueux et aux réussites solides.

Un ouvrage phare offrant ses “lettres de noblesse” à la Numérologie de l’ère nouvelle. Un style limpide et rafraîchissant qui transmet avec passion ces sources d’ouvertures et de renaissance personnelle.

L'Ennéagramme
Helen Palmer

Véritable outil d'évolution personnelle, tant psychologique que spirituel, l'ennéagramme s'adresse à tous ceux qui s'intéressent à la découverte de soi et des autres. Il nous invite à découvrir les potentialités latentes qui résident en nous afin de les déployer de manière complète et harmonieuse.

Ce système est constitué de neuf types fondamentaux qui sont basés sur nos motivations inconscientes, nos pensées, nos émotions. D'une utilisation simple et rapide, il nous amène à identifier le type auquel notre comportement se réfère et à prendre conscience que nos fonctionnements sont souvent régis par des automatismes et des habitudes. Pour dépasser nos limites et ouvrir de nouveaux horizons, l'ennéagramme nous indique grâce à des exemples et exercices, un moyen d'accomplissement personnalisé d'une grande finesse.

Cette connaissance réelle de la personnalité peut être projetée à notre entourage et ainsi, à la lumière d'un regard neuf, nous pouvons enrichir notre vie d'une communication plus vraie avec nos proches, nos amis, dans notre famille, notre travail

L'ennéagramme est l'une des rares méthodes qui, très efficace, rassemble en un système cohérent une profonde sagesse psychologique. Le livre d'Helen Palmer constitue une merveilleuse méthode de connaissance, simple, puissante et dynamique.

Aujourd'hui largement répandue aux États-Unis, cette technique fut longtemps maintenue secrète. Jadis transmise de bouche à oreille, dans la tradition soufi, ses origines remontent à la source de la Tradition.

CHOISISSEZ LA SANTÉ
Thierry Bernardin
Une synthèse complète pour sortir de la maladie et vivre en pleine santé tous les jours de notre vie sur terre. Par un thérapeute holistique de renommée internationale.
310 pages

YOGA CRÉATIF POUR LES ENFANTS
Rachel Carr
Un livre qui met le yoga à la portée des enfants. En s'amusant, ils vont découvrir les bienfaits de cette technique, grâce à des exercices imagés.
112 pages

MES SECRETS DE SANTÉ-SOLEIL
Docteur Christian Tal Schaller
Quand le corps, le cœur, la tête et l'âme fonctionnent en harmonie, la santé est toujours présente. Le fruit de 25 ans de recherches intenses.
160 pages

LE DICTIONNAIRE DES PIERRES UTILISÉES EN LITHOTHÉRAPIE
Reynald Georges Boschiero
Voici l'ouvrage incontournable pour qui souhaite dévoiler le mystère des pierres, pour sa santé et son épanouissement personnel. "Le Dictionnaire des Pierres Utilisées en Lithothérapie" (santé par les pierres), présente près de 200 pierres décrites et analysées avec plus de 250 illustrations. Il est le fruit de vingt ans de pratique et d'expériences.
384 pages

Hygiène Intestinale

Docteur Christian Tal Schaller et son équipe

Sensation de bien-être et de légèreté, régulation du poids, stimulation des facultés intellectuelles, amélioration des états inflammatoires, effet de rajeunissement par élimination des toxines. Les résultats bénéfiques de l'hygiène intestinale sont multiples et se manifestent très vite. Ce livre pratique passe en revue les diverses techniques de nettoyage du côlon et de l'intestin grêle et donne leur mode d'emploi précis. Découvrez l'une des clés de la grande forme.

144 pages

Apprendre à masser les Pieds

Docteur Christian Tal Schaller

Ce livre pratique vous invite à apprendre à masser vos pieds, ceux de votre conjoint, de vos enfants et de vos amis. Chez les Chinois comme chez les Indiens ou les Égyptiens, il est de coutume de se masser les pieds. Détendant, réconfortant, le massage apaise l'esprit et rééquilibre les énergies. Vous découvrirez les techniques extrêmement simples de massage de détente, de réflexologie d'acupressure et de massage intuitif...

112 pages

Amaroli

Docteur Christian Tal Schaller

Ce sujet est l'aboutissement de plus de vingt ans de recherches. Amaroli, qui est en fait l'urinothérapie est l'un des secrets de santé les plus anciens de l'humanité. C'est une méthode gratuite qui permet de sortir rapidement de la maladie. Essayer Amaroli, c'est découvrir une autre relation avec soi-même, et comprendre que notre corps contient le médecin et le pharmacien les plus extraordinaires qui soient !

128 pages

LA POLARITÉ, VOS MAINS GUÉRISSENT

Richard Gordon

En utilisant les courants de force du corps, chacun peut aider son prochain à relâcher les blocages énergétiques qui sont à l'origine des troubles physiques et psychiques. L'énergie qui coule à travers vos mains... une source inépuisable de bien-être et de santé !

144 pages

TRANSFORMEZ VOTRE VIE

Louise L. Hay

Nous avons le pouvoir d'agir sur nos pensées et ainsi de transformer notre vie ! Tel est le message de Louise L. Hay qui vous accompagnera dans votre démarche de guérison par plus d'amour, plus de pardon et plus de joie de vivre.

312 pages

TECHNIQUES DE VISUALISATION CRÉATRICE

Shakti Gawain

La visualisation créatrice est l'art d'utiliser l'imagerie mentale et l'affirmation pour produire des changements positifs dans sa vie. Cette technique montre son efficacité dans bien des domaines. Voici un grand classique. En pratiquant la visualisation vous-même, vous découvriez comment éveiller votre potentiel individuel de réussite et de bonheur.

192 pages

LE GUERRIER PACIFIQUE

Dan Millman

Dan Millman raconte son voyage extraordinaire à la découverte de lui-même. Guidé par un vieux "guerrier" plein de sagesse et d'humour, il triomphe peu à peu de ses peurs et de ses illusions. Il deviendra alors un "guerrier pacifique" capable d'affronter les réalités de la vie avec courage, détermination et sérénité.

280 pages

Le Voyage sacré du Guerrier Pacifique

Dan Millman

Quatre ans après avoir reçu l'enseignement contré dans "Le Guerrier Pacifique", l'auteur se retrouvant en difficulté dans sa vie, rencontre une femme shaman au cœur de la forêt hawaïenne… Au fil de grands défis et de révélations intenses, il avance vers la sagesse et la paix. Ce récit qui passionne et éclaire, touche notre cœur et notre âme.

300 pages

La Sagesse des Blagues

Alejandro Jodorowski

Ce livre se situe dans la longue tradition des contes et histoires initiatiques qui remonte à la nuit des temps. L'auteur nous raconte, à sa façon, des histoires drôles qu'il transforme en paraboles et nous emmène, à travers le dédale de comportements et de situations amusantes, cocasses ou dramatiques, sur le chemin de notre évolution personnelle et spirituelle.

208 pages

Demandez à vos Anges

A. Ramer, A. Daniel et T. Willie

Ce livre dresse un vaste panorama du rôle fondamental que jouent les anges dans l'humanité. Mais il nous apprend surtout à communiquer avec ces êtres célestes qui sont tout à la fois nos guides, nos enseignants, et nos meilleurs amis. Imprégné de l'amour et de la sagesse des anges, ce livre nous montre qu'il est possible de s'aligner sur leur pure énergie spirituelle pour retrouver l'essence primordiale de notre être.

450 pages

MANUEL DE COMMUNICATION SPIRITUELLE
Sanaya Roman et Duane Packer

Contrairement à une idée reçue, il n'est pas nécessaire de posséder des dons particuliers, réservés à quelques rares individus, pour communiquer avec un guide spirituel. Ce livre vous invite à bénéficier d'une "guidance" spirituelle dans votre vie quotidienne, pour avoir accès aux immenses ressources de joie, de paix, de sagesse et de lumière qui sont en vous

288 pages

DEBOUT LES PETITS DIEUX
Johanne Razanamahay

Dans ce livre, l'auteur nous montre comment elle a découvert le monde des anges et des guides spirituels. Ceux-ci lui ont transmis un enseignement puissant pour réhabiliter l'ego en assumant sa souveraineté, devenir son propre Messie et vivre heureux en tant que "petit Dieu".

488 pages

LE CHEVALIER À L'ARMURE ROUILLÉE
Robert Fisher

Une nouvelle quête du graal, d'un humour délicieux, fait partie de ses "grands petits livres". La limpidité, la profondeur de cet ouvrage, qui parle au cœur et à l'âme en font un conte d'une portée universelle.

160 pages

UTILISE CE QUE TU ES

Fun Chang

Un empereur de Chine s'interroge sur le sens de la vie. Il rencontre un vieux sage qui lui apprend à vivre au présent, en se laissant guider par son intuition pour "utiliser ce qu'il est".

128 pages

LES MESSAGES DE LUMIÈRE

Terry Lynne Taylor

Ce guide des anges apporte un éclairage sur nos compagnons célestes. En présentant les anges dans leur fonction et leur domaine d'activité, il permet de mieux comprendre leur action pour nous. Ces messages vous aideront de façon concrète à développer une conscience des anges et obtenir leur aide invisible.

288 pages

France : BP 18, 74103 Annemasse Cedex
Tél. 04. 50. 87. 27. 09

Suisse : CP 313, chemin des deux-Communes, 17
Thôrex, Suisse
Tél. (022) 349. 20. 92

Achevé d'imprimer sur rotative
par l'imprimerie Darantiere à Dijon-Quetigny
en novembre 1999

Dépôt légal : 4e trimestre 1999
N° d'impression : 99-1215